DE LA COMMUNICATION INTRA-UTERINE
AU LANGAGE HUMAIN

COLLECTION SCIENCE DE L'EDUCATION
Voir en fin d'ouvrage
la liste des titres parus

© *LES EDITIONS E S F* 1972
ISBN 2.7101.0690.6
5e édition 1988

COLLECTION SCIENCE DE L'ÉDUCATION
sous la direction de Daniel Zimmermann

A. A. Tomatis

DE LA COMMUNICATION INTRA-UTÉRINE AU LANGAGE HUMAIN

La libération d'Œdipe

cinquième édition

LES ÉDITIONS E S F
17, rue Viète, 75017 Paris

TABLE DES MATIÈRES

CHAPITRE IV

LANGAGE ET LATERALITE

CHAPITRE V

LE PERIPLE D'ŒDIPE

CHAPITRE VI

LE CORDON FATAL

CHAPITRE VII

A PROPOS DU VERBE

A Léna

NOTE DE L'AUTEUR

Ce livre voit le jour pour la cinquième fois. Les Editions ESF se sont demandé très justement s'il fallait modifier quelques dires devenus périmés depuis le premier envol de l'ouvrage, soit qu'ils fussent dépassés, soit qu'ils n'aient plus lieu d'être en fonction des acquisitions actuelles. Il est vrai qu'en quinze ans, et de surcroît en un univers aussi mouvant que celui dans lequel s'insère notre propos, tout ou presque peut être envisagé sous un angle nouveau.

Aussi, avant de donner ma réponse et de m'aventurer à signifier s'il y avait quelque chose à retrancher ou à additionner, me suis-je mis à relire consciencieusement la *Libération d'Œdipe,* m'efforçant de m'en laisser pénétrer comme si je ne connaissais rien de cet écrit. Il me plaisait de jouer le jeu et de réagir, dans la mesure du possible bien sûr, comme pouvait le faire tout lecteur d'aujourd'hui confronté avec un tel texte.

A mesure que je m'avançais dans la lecture du livre, je me laissais happer par l'idée qui m'avait fortement guidé initialement. Si bien que, très vite, je me trouvais littéralement enfoui dans la dynamique directrice qui sous-tendait cette œuvre. J'étais surpris — fort agréablement, je dois l'avouer — de constater que rien n'était à changer dans l'écoulement de la pensée. A bien y réfléchir, l'ouvrage demeure d'une étonnante actualité. Il semble ne pas avoir subi l'usure du temps, bien au contraire. Il conserve sa totale nouveauté, sa portée pédagogique et sa valeur thérapeutique. Il conduit naturellement au concept d'une évolution linguistique de l'homme et, qui mieux est, à la mise en évidence d'une possibilité pour ce dernier de devenir ce qu'il est en fonction de son cursus langagier. Son corps va de la sorte s'en trouver modelé, comme sculpté. Différentes cristallisations psychologiques s'effectueront ainsi d'où émergeront à la fois le schéma corporel, la notion du Moi et la perception du Soi. Parallèlement, la latéralité s'inscrira comme une dextralisation dynamique nécessaire à la fonction parlée.

Tout le périple humain y a un sens bien défini, celui-là même qui conduit l'homme à s'ériger comme une antenne cosmique destinée à capter ce que l'univers lui dicte. Il devient de la sorte capable de transcrire les dires de celui-ci en fonction de sa propre sensibilité, de sa constitution personnelle et de son cheminement réalisé par le biais d'une véritable libération psychique.

Quel bonheur pour l'auteur de n'avoir rien à modifier. Et tandis que je me berçais dans le confort de cette conclusion, il m'apparut évident, avec la force et la soudaineté d'une lame de fond, qu'il était de toute nécessité, pour répondre aux exigences du moment, de souligner davantage le titre d'appui : « De la communication intra-utérine au langage humain » qui amenait plus expressément le lecteur vers « La libération d'Œdipe ».

Aussi ai-je demandé à la direction des Editions E S F et bien entendu à Daniel Zimmermann, directeur de la collection « Sciences de l'Education » à laquelle appartient cet ouvrage, de nous dire si cette suggestion leur semblait valable. La réponse positive qu'ils m'ont donnée et dont je les remercie me conforte dans mon intuition et me rassure à l'idée de pouvoir, par le simple jeu d'une inversion de titres, redonner à cette étude son entière unité.

En effet, la progression des chapitres transparaît immédiatement dans l'énoncé qui permet de pressentir le développement du langage depuis l'embryogenèse jusqu'au dénouement qui mène à la libération de la parole transcendante. Ce cheminement prend ainsi toute sa valeur dès l'annonce du véritable sujet. De plus, son antériorité relative aux problèmes de la communication entre le fœtus et sa mère, à l'éclosion du langage, au dialogue entre l'Etre et le corps, à la psychologie génétique, continue d'en faire un livre de pointe. Enfin, il me plaît de voir se détacher d'une façon tout à fait particulière ce que les disciplines actuelles s'efforcent d'intégrer, soit dans une dynamique familiale ou sociale, soit dans les perspectives métaphysiques qui s'imposent en psychologie, soit enfin à l'occasion du rétablissement de la conscience vis-à-vis de la présence de l'Etre dans toute activité humaine.

Il est vrai que, dès lors, la tragédie sophocléenne se présente sous un jour nouveau destiné à mettre en valeur l'exemple qu'elle peut représenter pour toute démarche humaine. A n'en pas douter, un tel abord se révèle différent de l'approche freudienne psychanalytique. Le cursus existentiel par nous proposé, apparaît alors comme l'élaboration d'une structure linguistique qui naît puis se complexifie jusqu'à préparer l'arrivée de la Parole en son incarnation.

Je reste donc profondément reconnaissant aux Editions E S F d'avoir accepté un changement de fond curieusement provoqué par la simple modification du titre. Il me tenait d'autant plus à cœur d'envisager cette possibilité de renversement du libellé d'envoi que ce livre est pour nous le prélude d'une étude que nous avons entreprise de longue date sur le même mode et qui doit aboutir tout naturellement à « la libération d'Adam ». On retrouvera en cours de route la tragédie œdipienne, celle-ci n'étant en réalité qu'une des phases du cursus que sait entreprendre de manière polymorphe l'humanité tout entière.

Paris, février 1988.

EN GUISE
D'INTRODUCTION

A<small>LORS</small> *que je m'apprêtais, il y a de cela bien longtemps, à passer mes cliniques obstétricales auprès du Professeur Ravina — non sans une certaine appréhension, car ce maître avait été particulièrement irrité par quelques candidats assez ignorants en cette matière médicale — il me fut signifié : " Puisque vous vous êtes spécialisé dans l'oto-rhino-laryngologie, pouvez-vous me dire quel est le point commun qui unit votre spécialité à l'obstétrique ? "*

" L'otospongiose " était assurément ce qu'il fallait répondre. Quel diable me poussa alors et me fit dire d'une voix assurée : " Gargamelle " ? Sur cette réponse quelque peu insolite de prime abord, il ne me fut demandé aucune explication complémentaire. Je partis accompagné du sourire complaisant de mon examinateur et muni d'une excellente note.

Depuis lors, souventes fois, je me suis surpris à repenser à cette anecdote qui illustre avec tant d'humour — comme seul Rabelais savait le faire — le périple qui conduit de l'utérus à l'oreille c'est-à-dire, en fait, de la conception de l'embryon jusqu'au langage humain. On se souvient du désarroi qu'entraîna la naissance de Gargantua qui, cheminant le long de la " Vene creuse " jusqu'à " l'aureille senestre ", sortit en braillant par trois fois d'une voix inaccoutumée : " A boyre ", alors que chacun s'attendait à le voir naître par les voies naturelles.

Il ne s'agit certes pas de comparer notre jeune héros, fils de Grandgousier, à l'illustre Pallas Athéna surgissant de l'encéphale du maître de l'Olympe pour illustrer la pensée logique et éclairée de la Raison, mais bien tout simplement de découvrir dans notre nourrisson toute la potentialité humaine investie dans le charme et la truculence de

12

sa viscéralité. Et c'est à partir du fœtus que nous débouche-rons, comme Gargamelle elle-même, sur le langage et la communication, par la voie royale de l'oreille. La clef de l'hu-manisation siège au niveau de cette relation intra-utérine, au travers de ce message, si obscur pour l'adulte mais telle-ment significatif pour l'être naissant, que la mère trans-met et élabore comme le premier filin, la première amarre du langage ultérieur.

Puis c'est l'ouverture sur la vie humaine qui va se greffer sur cette poussée de vie animale faite d'un ensemble de méca-nismes neuro-végétatifs auto-réglés. Il y a là un clivage déli-cat à réaliser, un point de jonction subtile à déceler et cepen-dant capital, autour duquel vont se grouper les éléments d'équilibre.

Conçu pour penser, l'homme semble entraîné malgré lui par une induction puissante vers une dynamique humanisation qui introduit en lui, qu'il le veuille ou non, qu'il en soit cons-cient ou pas, le désir d'exprimer sa transcendance. Cette dernière ne réside-t-elle pas dans l'usage même de la paro-le ? Cette exceptionnelle attribution n'est-elle pas le point majeur vers lequel convergent toutes recherches prétendant élucider ce que peut être le phénomène humain ? Cette parole si spécifique, qui ne ressemble en rien à aucun des langages étudiés dans les règnes animaux et qui exige, dans sa réali-sation, la verticalité, la libération de la main et la latéralité, apparaît comme l'élément de jonction, l'amalgame de tout un ensemble de faits, de mécanismes qui ne s'arrêtent pas à l'individu lui-même et qui s'étendent à l'environnement social, ambiant, dans lequel chaque sujet devient un élément de groupe.

*
* *

Fruit d'une expérience et d'une réflexion, ce livre demande à être reçu en tant que tel. Il ne vise à aucun enseignement et ne prétend en rien se placer sur le mode polémique. Il tient seulement à conserver la double face que lui accorde son appartenance bipolaire, afin que le lecteur ne puisse à aucun moment oublier ni l'expérience, ni la réflexion. Si la deuxième partie de cet ouvrage semble plus spécialement consacrée à certains essais touchant à des problèmes fonda-

mentaux, elle ne doit pas faire perdre de vue que le point de départ de ces études demeure avant tout l'expérience clinique. L'approche réalisée auprès de jeunes patients a toujours été le soutien quotidien d'une réflexion portant sur les multiples facettes que présente toute investigation effectuée dans le domaine de la psychologie.

L'étude proposée dans cet ouvrage et suscitée par une aventure clinique, greffée elle-même sur une idée de recherche, est le résultat de vingt-cinq années de travail. Les vicissitudes rencontrées sur le chemin parcouru me semblent être aujourd'hui assez significatives pour marquer les voies d'accès de quelques bornes essentielles. Mais je demeure persuadé que le domaine entrevu au cours de ce périple expérimental reste largement à explorer. Malgré les quelques incursions que j'ai eu l'occasion d'y pratiquer, il reste encore beaucoup à faire. Toutefois, comme je le signalais quelques lignes plus haut, les brèches paraissent suffisamment ouvertes pour que d'autres chercheurs, animés d'un souffle nouveau, se plongent à leur tour dans le vaste univers de la communication et, plus particulièrement, dans celui de la vie fœtale qui demeure, à mon sens, le lieu où commence l'insertion du Verbe en l'Etre qui progressivement se structure et s'anime.

PRÉAMBULE

L'homme est là, devant nous, conscient de son corps, muni de son langage, en quête de son être, à la rencontre de l'univers.

Pourtant, il n'en fut pas toujours ainsi, au cours du long cheminement qu'il dut effectuer pour atteindre son but. Et l'on peut se demander comment il put échafauder une telle structure à partir de la cellule initiale. Mais, en réalité, s'agit-il pour nous de comprendre la manière dont il est parvenu à se bâtir lui-même, ou bien d'appréhender la force inductrice à laquelle il a obéi dans la construction de son devenir ? Chacun, suivant ses convictions et son avancée dans la vie, en fonction de ses expériences et de ses aventures vécues, selon le degré de ses réflexions et la maturité de sa pensée, saura donner quelque éclairement personnel à ce problème complexe de l'évolution humaine.

De prime abord, le devenir de l'homme et celui de l'humain semblent s'affronter, alors qu'en réalité ils relèvent tous deux d'une même potentialité. L'homme est ce qu'il est parce que l'humain le doit habiter ; c'est ce que toute paléontologie bien conduite enseigne en partie terminale. Point n'est besoin d'épiloguer sur la dualité des deux groupes d'action mis en présence ou d'évaluer les points marquant la progression ou le retrait de chacun d'eux. Seule reste en scène une activité unique dont le déterminisme est de réaliser, à partir d'un ovule ensemencé, un être humain. Les modifications rencontrées en cours de route seront dues au milieu, aux conditions d'existence, aux pressions de tous ordres qui ne cessent d'influencer inlassablement le processus évolutif. Ce dernier semble cependant se déjouer de tous les obstacles ; allié au temps, monté sur son orbite, soudé à son destin, il réalise, malgré tous les impedimenta, l'homme dans sa plénitude humaine.

Les possibilités exceptionnelles d'adaptation de ce nouveau venu dans la lignée animale, ses aptitudes remarquables à se soumettre aux lieux, aux conditions climatiques, aux impératifs nutritifs qui en découlent, aux modes d'hygiène rendus nécessaires, enfin l'extrême aisance avec laquelle il se restructure une ambiance favorable, sont autant d'éléments pouvant mettre en valeur l'immense potentialité qui se manifeste en lui, quelle que soit l'obstination freinatrice de l'inertie environnante. Il semble que l'homme construit le monde, tant il est actif, faisant oublier par là qu'il est sans nul doute la construction la plus élaborée que le monde connu ait jamais réalisée.

Une large part des sciences actuelles se préoccupe de ce phénomène humain plongé dans l'univers. Depuis l'anthropologie jusqu'à l'ethnologie, tout peut s'inscrire comme une fresque descriptive de ce qu'il est : la sociologie, la psychologie, la médecine, l'architecture, l'urbanisme, l'éducation..., bref, toute la liste des sciences humaines. Il n'est pas de mon intention de les aborder tour à tour, ce serait hors propos du sujet choisi. Je ne retiendrai que le langage humain, qui s'inscrit essentiellement dans le cadre de mes préoccupations. Je sais combien il s'avère nécessaire de limiter le champ qu'il m'est donné d'explorer. Le langage se suffit à lui-même pour définir l'humain dans l'homme, mais d'une manière si évidente, si massive, qu'il ne paraît pas possible, de prime abord, d'en découvrir les causes. Il s'agit donc de définir l'homme à travers son langage. Qu'est-il ? Est-il celui des animaux qui parle, ou bien celui qui pense ? S'est-il pris à penser grâce au langage, ou s'est-il épris de paroles parce qu'il s'est senti plein d'une pensée qu'il voulait écouler ? D'où lui viennent ces flots d'idées, ces monceaux de structures verbalisées qui font de lui l'animal de la réflexion ? D'où surgit cette imagination féconde qui sait ensemencer si fertilement son univers de mythes éternels ?

Sans doute ces problèmes n'ont-ils pas de solution à notre échelle. Nous sommes tous trop impliqués et n'avons pour expliquer l'homme que l'homme que nous sommes, pour expliciter la pensée que la pensée elle-même ; enfin, nous ne possédons que le langage pour parler de la langue. Aussi, quelles que soient les démonstrations que l'on veuille proposer, elles encourent toutes le danger de se révéler partielles et de se heurter par là-même à d'autres options défendues, non sans raison, avec tout autant d'opiniâtreté.

Est-ce à dire qu'il faille abandonner toute tentative d'incursion dans ce champ d'investigations ? Je ne le pense pas, bien au contraire, pourvu que l'on soit prévenu des difficultés, des limites et des imprécisions que rencontreront les plongées entreprises dans de tels domaines. Au cours de ces dernières années, de nombreuses acquisitions scientifiques n'ont pas manqué de retenir sur les recherches touchant au langage, celles notamment ayant trait aux mécanismes corticaux mis en cause dans l'acte parlé, aux lieux de fixation des informations dont l'emmagasinement constitue la mémoire et aux boucles de contrôles neurologiques mises en évidence à différents niveaux.

Les connaissances en la matière restent malgré tout parcellaires, et bien des points obscurs méritent encore d'être élucidés. Toutefois, je pense personnellement qu'un puzzle, même s'il s'avère incomplet, doit être tenté à l'aide des éléments offerts ; il s'en dégagera une vue d'ensemble déjà significative d'où ressortiront les points forts, les zones semi-certifiées ou semi-douteuses et les plages inexistantes.

Pour mettre en place les premières pièces au cours de ce montage, je propose de commencer par celles attribuées aux zones frontalières, là où tout dépassement conduit au déraisonnable. Sur l'un des côtés de la fresque, à gauche par exemple, nous y trouverons l'*homo sapiens* fabriquant son langage en sa totalité, comme il sut élaborer l'outil et l'instrument ; à l'opposé, à droite, nous y verrons notre homme happé par une force qui le « *verticalise* », le « *latéralise* » et le « *lingualise* ». Dans le premier espace, il est le fruit de son génie ; dans le second, il semble être le récepteur-émetteur d'un univers qui le choisit pour dévider ce qu'il lui plaît d'enseigner. Dans l'un des camps, il se manifeste comme cet anthropoïde savant, bâtisseur, maître de son destin ; dans l'autre, il est l'exceptionnelle antenne d'un Cosmos qui se réfléchit en lui. Près de l'un des bords de notre tableau, l'homme se situe comme le génial ancêtre qui permet à l'être d'avancer ; près de l'autre, il apparaît comme le produit phénoménal d'une évolution qui le conduit.

On peut se demander si l'on doit réellement, en matière de langage, se préoccuper de savoir si l'Etre pense ou est pensé, s'il est un génial producteur ou un fabuleux produit, d'autant que peu de solutions sont à proposer en réponse à de telles énigmes. Il ne me paraît pas cependant inutile de poursuivre ce cheminement car, de l'ensemble des hypothèses évoquées, l'une d'entre elles risque d'apporter sinon l'explication définitive, du moins l'espoir de voir s'ébaucher une ouverture sur une voie de recherche ultérieure. Mais revenons à notre animal parlant que nous avions laissé sous le feu des projecteurs qui nous le révélaient d'un côté comme le germe essentiel de son propre génie d'où jaillissait le Verbe, tandis qu'il ressortait de l'autre côté comme l'immanente présence du Verbe incarné. Ce même élu peut donc apparaître, suivant le mode d'éclairage utilisé, comme le seul mis en cause dans la structure de son Etre ou comme celui qui, ne se souciant même plus de penser, confie sagement son génie à sa muse. Dans cette dernière perspective, il lui suffit dès lors de se laisser guider, afin que la pensée s'écoule de lui comme d'un médium électivement choisi pour transmettre à ses congénères ce que son entendement subtil lui permet de percevoir.

Dans le balancement pendulaire qui nous projette aux deux extrêmes de notre champ d'exploration, un élément s'érige comme le dénominateur commun des propositions évoquées : celui qui fait que l'homme est investi de la parole, de la parole vivante. Qu'on ne se leurre pas ; ce genre de réponse est celui de l'évidence qui remet tout en cause et repose la question du problème précisément recherché.

Pourtant il apparaît que le langage peut être considéré d'une manière non contradictoire au travers des éléments suscités, même dans leur partie extrême. J'irai jusqu'à prétendre qu'il s'en accommoderait fort bien. Pourquoi ne pas postuler en effet qu'il y a un langage du début et un autre de la fin ? Le balancement peut désormais se poursuivre en admettant qu'il existe d'une part un moment de la vie — qui dure plus ou moins longtemps selon les individus — où tout laisse croire à l'Etre qu'il est le générateur de son Essence, et d'autre part une deuxième période de la vie, plus tardive, où l'Essence apparaît comme le soutien et le mobile primordial de l'Etre. Le langage inhérent à l'homme épouse, en fait, les divers stades de son évolution ; il change dans sa structure profonde, même s'il apparaît identique en surface pour le non averti. Aussi y a-t-il, à l'intérieur d'une même lingualité, des contenus essentiellement différents qui répondent aux étapes franchies tout au long du périple parcouru depuis la vie intra-utérine jusqu'au sommet de l'humain.

Entre les deux extrêmes que nous avons ainsi choisis comme définissant un langage du commencement et un langage de la fin, l'évolution linguistique semble se profiler suivant un déroulement qui obéit à un schéma d'ensemble toujours identique. Différentes étapes permettent d'accéder d'un univers à l'autre, chacune d'elles offrant le bénéfice d'une ampliation comme si, au fur et à mesure du cheminement de l'Etre, l'horizon s'élargissait pour atteindre en phase terminale cette dimension infinie que ne borne plus la pensée. Il va sans dire que ces passages sont plus ou moins aisément traversés et dépassés dans un temps essentiellement variable suivant les individus, d'autant que certains d'entre eux restent définitivement enfermés dans le premier de ces univers, celui de la vie intra-utérine, où ils finissent par se complaire et se fixer, non sans ressentir toutefois une certaine culpabilité surgissant à tous moments devant un devenir qui leur échappe à mesure que la vie s'écoule.

En fait, ces différents plans que doit traverser l'être humain au cours de son évolution, ne lui font pas changer d'univers ; conservant les mêmes mécanismes de base, il voit seulement se modifier les dimensions de cet univers et se déplacer le centre de ce dernier. Du monde égotiste, il passe au monde transcendant, c'est-à-dire à celui du Cosmos pris comme entité globale.

Ces mondes différents évoquent les étapes linguistiques que doit franchir l'homme tout au long de sa progression : la première répond à celle du nourrisson, si riche en mémorisation fœtale ; elle s'accompagne, en phase terminale, de roucoulades prenant la forme d'un babillage ; puis, c'est le bégayage débouchant sur le langage enfantin qui lui-même, au cours d'un long apprentissage, aboutit à l'univers linguistique de l'adolescent. Ce jeune langage, si riche en charges de tous ordres et encore si pauvre en expression, fait ensuite place au langage spécifique de l'homme adulte. Enfin, dans un dernier temps, l'ouverture se fait de façon magistrale sur le langage humain, dépouillé de toutes les préoccupations de l'homme sous-jacent. C'est alors qu'apparaît le vrai langage, la véritable communication avec l'Univers, celle que tout être doit rechercher au cours de sa démarche personnelle.

Ainsi, dans une même lingualité, se succèdent plusieurs manières de parler, et notre jeune novice, muni de son initial bégayage à valeur sémantique — sensiblement similaire en tous les points du monde — s'introduit dans le babillage, mise en forme de son premier apprentissage de la langue des grands qui l'entourent. Il accède ainsi au niveau qui le conduit à l'ébauche d'une autonomie linguistique. Dès lors il n'aura de cesse d'affirmer son individualité dans le groupe grâce au maniement d'une langue qu'il veut sienne, au sein même de sa lingualité. Il est alors au sommet de son effort, au sommet de son acquis. Si son langage s'est dépouillé des étages inférieurs, il peut souhaiter prendre son envol vers les sphères éthérées de la conscience ; par contre, s'il est resté soudé à sa mémoire de plus en plus enrichie mais répétitive, il demeure une viscéralité exprimée, sans pouvoir jamais prétendre accéder à la véritable expression de la pensée. En d'autres termes, s'il ne parvient au cours de son ascension, à lester de son ego les conditionnements de chaque étage, il se condamne à parler le langage de son inconscient sans jamais pouvoir espérer lui substituer la langue du conscient. Il restera, seul perché, au dernier étage de sa tour de Babel. Par contre, si dans un dernier essor, notre homme se hisse jusqu'à l'humain ou si l'humain l'inonde, suivant le concept adopté pour expliciter cette cohabitation, l'existence évoluera désormais dans la créativité d'une pensée qui s'écoule. Disparaîtront alors les angoisses de mort, véritables failles dans la continuité de cette conscience que BERGSON aimait à évoquer comme l'une des réalités de l'Etre en son Essence.

1

LA DÉCOUVERTE
DE L'UNIVERS
INTRA-UTÉRIN

Il y a plus de quinze ans que je me suis lancé dans l'aventure intra-utérine qui fait l'objet de ce propos. Je n'en suis jamais sorti, en fait. Peut-être même ne m'en évaderai-je jamais ? Il est vrai que la mine est si riche et si fertile en résultats de tous ordres, qu'il me semble regrettable de l'abandonner sans en avoir épuisé le contenu. C'est pourquoi du reste j'y plonge et m'y baigne sans aucune réticence, avec même dirai-je une certaine volupté. Tel l'enfant auquel on offre un kaléidoscope, j'ai la sensation de découvrir à chaque instant de nouvelles visions d'un programme inédit et cependant profondément vecu.

La recherche sur la communication intra-utérine est à ses débuts. Nous assistons à ses balbutiements mais, s'il me fallait attendre d'avoir trouvé toutes les « clés du royaume » pour dialoguer avec mes congénères, combien d'années me faudrait-il, et peut-être combien de vies ! Mieux vaut écrire ce que je ressens et ce que j'ai pu observer au cours d'une expérience clinique déjà ancienne mais assurément non achevée, afin que d'autres puissent capter, à leur tour, des éléments de travail dans ce vaste domaine. Ils pourront ainsi animer la recherche d'un souffle plus puissant, d'un enthousiasme plus fervent encore que ne l'ont été ceux qui ont soutenu, tout au long d'un cheminement difficile — j'allais dire d'un accouchement pénible — la découverte de l'univers fœtal.

Afin que le lecteur soit en mesure de suivre ce que je désire exposer dans cet ouvrage, il me semble nécessaire de présenter en quelques pages les faits qui m'ont conduit à élaborer certaines hypothèses sur le langage, considéré en tant qu'élément de communication et de relation.

Une démarche expérimentale faite dans les Arsenaux de l'Aéronautique, au cours d'une recherche portant sur la physiologie auditive, m'avait apporté jadis la certitude de l'action de l'audition sur la fonction parlée ; et comme tout chercheur, je ne résistai pas à me plonger dans l'illusoire tentative de découvrir la genèse de l'acte de la parole. Frappé par le sujet de certains ouvrages et attiré vers eux comme le papillon vers la lumière, je me laissai donc entraîner vers des écrits aux alléchantes prémices. Mais je me trouvai, en fait, aussi dépourvu de connaissance à la fin de mes lectures que je ne l'étais avant toute incursion dans ce domaine, comme si le langage voulait conserver son mystère absolu, lui qui demeure pourtant le réceptacle même de la révélation de l'humain dans l'homme qui l'anime.

IN OVO

Tandis que je partais à l'assaut de tous les écrits ayant trait au langage, je continuais de diriger mes recherches sur les mécanismes inhérents à la parole. Je m'étais aussi promis de vérifier une affirmation de l'auteur anglais Négus, que j'avais lue auparavant dans un excellent ouvrage intitulé « The mechanisms of the larynx » ; cette étude était alors considérée par tous les spécialistes comme un livre de base, un ouvrage clef, du fait de l'ampleur de la documentation qui y était savamment accumulée. Parmi l'amoncellement d'informations dont Négus me donna l'occasion de bénéficier, l'une d'entre elles devait retenir pour longtemps mon attention. Elle se trouve dans le chapitre IX « Purposive use of sound » et précise que les œufs des oiseaux chanteurs couvés par des oiseaux non chanteurs donnent naissance à des oiseaux démunis de la faculté de chanter (« The eggs of song-birds hetched under silent foster mothers produce songless youngs »). Je dois avouer que je restai longtemps fasciné par cette phrase, désirant à mon tour vérifier ce dire et étudier ce curieux phénomène. A quelque temps de là, j'appris par ailleurs que « si les œufs des nouveaux apparus étaient couvés par des oiseaux chanteurs d'un autre type, le nouveau venu pouvait se méprendre et émettre un chant nouveau, en l'occurrence celui de la parenté adoptive ». Je restais perplexe.

Qu'était-ce à dire, en effet ? Quelle conclusion pouvait-on tirer de l'affirmation de Négus ? Que pouvait bien signifier cette courte phrase, la seule en vérité qui m'ait vraiment frappé dans ce volumineux ouvrage ? Quelles incidences devait-on entrevoir sur le plan humain ? Telles étaient les questions que je me posais il y a une quinzaine d'années environ. Je me demandais également comment j'allais avoir la possibilité de faire glisser cette expérimentation dans le domaine de la clinique. Dans quelle mesure allais-je pouvoir, à la lumière de cette réflexion, apporter la preuve de ce que je ressentais confusément et que je n'osais encore exprimer ? Les problèmes offerts n'étaient certes pas faciles à résoudre. Pour qui est accoutumé au travail de laboratoire, il est aisé d'imaginer ce qu'implique un tel programme de recherche. Devant la complexité de l'expérimentation, je laissais les choses en demi-sommeil, n'ayant pas le temps de m'en préoccuper. Je restais néanmoins insatisfait par la non-réalisation de cette étude.

Lorenz vint alors, avec ses couvées de canards, donner réponse à certaines des questions que je me posais. Toutefois, les quelques-unes qui restaient sans solution laissaient subsister dans un coin de mes pensées, un intérêt toujours grandissant pour cette vie dans l'œuf. Il fallait assurément peu de chose pour que tout se ravive, d'autant plus que j'avais été conduit, à l'occasion d'une étude portant sur la genèse du langage, à me demander s'il ne fallait pas plonger jusque dans les premières années, voire les premiers mois et même les premiers jours de la vie de l'enfant, pour y rechercher les origines des contre-réactions audio-vocales présidant à l'élaboration de la fonction parlée. Maintes découvertes survenues au fil de l'observation quotidienne me révélaient en effet que les régulations audio-phonatoires et audio-phonologiques devaient se structurer chez l'enfant depuis la naissance jusqu'aux abords de deux ans. En étudiant systématiquement des voix de nourrissons, je cherchais dans la même perspective à déterminer sur tubes cathodiques, à l'aide des processus de contre-réaction, les bandes passantes du contrôle auditif de ces nourrissons. Certaines réponses satisfaisantes vinrent apporter confirmation de mes intuitions de départ et me permirent ainsi d'aller plus loin dans mes rêveries. Et, chemin faisant, je fus amené à me demander s'il ne se passait rien avant la naissance.

LES SONS FILTRÉS

C'est ainsi que je débouchais sur cet univers fantastique de la vie fœtale. Je retrouvais l'hypothèse instituant que le fœtus « in utero » comme l'oiseau « in ovo » devait recevoir des informations et que celles-ci devaient lui parvenir, en passant par les enveloppes amniotiques, au travers de couches liquidiennes. Je préparais différents montages dans le but d'obtenir des sons qui, à mon sens, devaient constituer ceux perçus au cours de la vie intra-utérine. Prenant un microphone que j'enveloppais dans une mince membrane de caoutchouc et procédant de la même manière avec un haut-parleur auquel j'accordais la même protection, je plongeai le tout dans de l'eau. Le haut-parleur avait été bien entendu branché sur la sortie de l'enregistrement et le microphone sur l'entrée d'un deuxième magnétophone chargé d'enregistrer les bruits obtenus. C'est ainsi que, grâce à cet artifice, je pus « filtrer » des voix et des sons à travers des couches d'eau. Le terme de « voix filtrée » associé à celui de « sons filtrés » et de « musique filtrée », entrait dès lors dans notre vocabulaire quotidien, voulant désigner par là le phénomène physique de filtre lié à l'interposition de la couche liquidienne entre les sonorités émises par le haut-parleur d'une part et le microphone d'autre part.

Ce que j'obtins à l'aide de ces montages fut assez extraordinaire, relaxant et tonifiant à la fois, véritable scintillement composé de mille informations liquidiennes rappelant les nuits africaines sur les bords des rivières sillonnées de multiples pirogues. J'étais si étonné et si satisfait en même temps de l'expérience réalisée, que je fus pris du désir de faire entendre à quelqu'un d'autre que moi l'exceptionnel univers sonore que je venais de découvrir. Je fus ainsi tout heureux de révéler au père d'une de mes patientes ce que pouvait être la perception intra-utérine d'une voix de mère, en lui faisant écouter, au travers des montages réalisés en laboratoire, l'enregistrement obtenu à partir de la voix de sa femme, mère de la fillette que j'avais en traitement. Cet homme que je connaissais alors de longue date, ingénieur de son état, fils de médecin, empli de la nostalgie d'une médecine rentrée, éduqué dans mes services pour des troubles d'élocution, puis pour une pose de voix et enfin pour un conditionnement à l'anglais, avait contracté vis-à-vis de moi une certaine amitié qui dépassait le cadre habituel de la relation thérapeutique. Je fis donc défiler sur le magnétophone les résultats sonores obtenus à l'aide de ce montage... Comme moi-même, il ressentit un sentiment de surprise et d'émerveillement. Puis se déclencha la chute fréquentielle qui devait expérimentalement, selon mes hypothèses, provoquer l'accouchement sonique, c'est-à-dire le passage de l'audition liquidienne intra-utérine à l'audition aérienne. Ce vécu auditif qui devait, toujours selon mes dires, accompagner l'acte de la naissance avait été rendu possible grâce à des filtres variables faisant passer le son de 8.000 hz à 50 hz. Et tandis que nous nous apprêtions, le père et moi, à échanger nos impressions, une voix se fit entendre derrière nous. Absorbés tous deux par l'expérience exceptionnelle que nous étions en train de vivre, nous avions oublié la présence de l'enfant. Celle-ci, âgée de neuf ans, assise derrière nous sur une chaise, entra alors dans une sorte de rêve éveillé, verbalisé, tandis que la machine poursuivait le défilement du film sonore réalisé à partir de la voix maternelle.

Tout le poids des mécanismes déclenchés se fit alors sentir. Il sembla soudain que l'ambiance s'emplissait de la charge énorme d'une indicible présence... « Je suis dans un tunnel... et, au fond, je vois de la lumière » ; tels furent les premiers mots qui rompirent le long silence à peine modulé par le bruit fascinant de la voix filtrée et tandis que se déroulait l'accouchement sonique, notre jeune enfant ajouta : « Je vois deux anges ». « Comment sont-ils vêtus ? » lui demandai-je. « En blanc », répondit-elle, complétant ainsi son angélique métaphore sur l'accoucheur et son aide. Puis, durant un temps que nous ne voulions ni mesurer ni modifier par le rythme même de notre souffle, le père et moi-même restions immobiles, conscients seulement qu'il se passait quelque chose d'extraordinaire. Quel comportement devions-nous prendre ? Que pouvais-je faire ?... Fallait-il interrompre ? Le temps semblait si long et si court à la fois que nous restâmes sans bouger jusqu'au moment où l'enfant poursuivit : « Je sors du tunnel... et je vois maman »... L'ahurissement du père fut tel, qu'il ne put s'empêcher d'interjecter : « Tu vois maman, tu vois maman... Mais, comment tu vois maman ? Comment la vois-tu ? »... Et l'enfant, prenant une position gynécologique, les jambes relevées, en décubitus dorsal — on se souvient qu'elle était antérieurement assise sur une chaise — termina par ces mots : « Comme ça ». Le film s'arrêta tandis qu'en même temps se terminait l'accouchement.

Nul doute qu'il y eût, pour cette petite fille, reviviscence d'un vécu lointain, de toute évidence non inventé et impossible à concevoir dans son déroulement par une enfant de neuf ans. Aucun commentaire ne fut fait devant l'enfant ni par le père ni par moi-même. Mais après cette scène qui me parut si riche de signification et qui laissait en moi la certitude d'avoir mobilisé une « énorme chose », je décidais de suspendre pour un temps cette recherche qui dépassait manifestement le cadre de mes préoccupations, et d'en informer des collègues psychanalystes. Tous furent, il va sans dire, très intéressés par les résultats de cette expérimentation qui leur permettait d'approfondir certaines données de leurs investigations dans le domaine du psychisme humain.

L'EVENEMENT

Ce n'est cependant qu'après un long périple d'information qui dura plusieurs mois, que survint l'événement qui devait marquer de façon décisive ma recherche sur la vie intra-utérine. Informée de mon aventure par un de mes collègues le Docteur B. T., qui avait suivi l'expérimentation avec intérêt, le Docteur F. D., psychanalyste d'enfant très réputée, fit un jour irruption dans mon cabinet, m'amenant en consultation un enfant de 14 ans. Tout rond, d'allure pouponne, démuni de langage, particulièrement agité, ce garçon refusait tout contact, et restait distant de sa mère qui l'accompagnait et qui, autant qu'elle le pouvait, tentait de le contenir et de l'apaiser. L'allure absente, délirante de l'enfant, était assez effrayante de prime abord pour qui n'avait pas coutume de rencontrer des phénomènes de cette espèce ; depuis, pour ma part, les choses ont bien changé et ces sujets que je suis amené à examiner fréquemment m'ont largement habitué à ce genre de manifestation. Tandis que je m'informais auprès de ma collègue sur le handicap dont était porteur ce jeune garçon, elle me signifia qu'il était un schizophrène... Je restais perplexe devant cette réponse inattendue pour moi et lui demandais de plus amples détails sur cette pathologie dans laquelle je n'étais nullement versé. Elle me précisa simplement qu'on ne connaissait guère l'étiologie de ces syndromes mais qu'il était admis, en fonction des nouvelles théories psychanalytiques, de songer que ces enfants n'avaient pas mentalement accouché. L'idée du « non accouché » fit immédiatement ressurgir dans ma mémoire les hypothèses que j'avais émises sur la « voix maternelle *in utero* » et je fis part aussitôt au Docteur F. D. de mon désir de mettre en pratique, pour le cas présent, la perception intra-utérine de la voix de la mère. Elle accepta d'autant plus volontiers qu'elle venait, en fait, me demander d'entreprendre sur son patient ce qu'elle connaissait de mon travail par l'entremise du Dr B. T., également présent le jour de cette première rencontre. Date fut prise et quelque temps plus tard nous nous trouvions tous réunis : le patient, la mère, le Dr F. D., le Dr B. T. et moi-même.

Quelques jours complémentaires m'avaient été nécessaires pour terminer le montage que je m'étais promis d'effectuer. Après avoir recueilli la voix de la mère de l'enfant, je l'avais filtrée à travers des couches d'eau de la même manière que celle que j'avais antérieurement traitée en laboratoire. Pour être plus proche des conditions utérines j'avais préféré, en la circonstance, effectuer un montage dans l'eau plutôt que d'utiliser des filtres électroniques. Depuis lors, les progrès techniques m'ont permis de réaliser des filtrages faciles et rapides.

La préparation sonique terminée, vint le jour de la première injection de cette information sur le corps du jeune schizophrène devant l'aéropage que nous formions, plus anxieux que d'ordinaire à la perspective de ce qui pouvait se produire devant nous de manière si inaccoutumée. Personnellement je me sentais rassuré sur le plan des incidences psychanalytiques de cette expérience, réfugié derrière mes collègues analystes qui avaient l'air, pour leur part, de trouver quelque réconfort dans le maniement aisé que j'obtenais avec mon matériel expérimental. Forts du savoir de deux d'entre nous et de la technicité du troisième que je représentais, nous pouvions ainsi aborder l'aventure.

C'est dans le laboratoire que je possédais alors, que devait se dérouler la scène qui va suivre. Il s'agissait d'une petite pièce bourrée d'instruments électroniques, enregistreurs, analyseurs, filtres, etc., isolée acoustiquement afin que des mesures puissent y être opérées dans le silence, et de surcroît plongée dans l'obscurité pour qu'il soit possible de photographier sur tubes cathodiques les phénomènes obtenus au cours des expériences habituelles. En la circonstance, le jour convenu, le laboratoire était éclairé ; la mère de notre jeune patient était assise à l'opposé de l'entrée, se trouvant ainsi à ma gauche ; le Dr F. D. et le Dr B. T. se tenaient debout auprès d'elle. L'enfant, plus agité encore que la première fois qu'il m'avait été donné de le rencontrer, paraissait spécialement angoissé par le fait même qu'il se trouvait confiné en un lieu pour le moins insolite et assurément inhabituel pour lui. Il semblait liquider cette tension particulièrement exacerbée en barbouillant, avec de la craie de couleur qui lui était tombée sous la main, le seul panneau libre du laboratoire couvert de boiserie de chêne clair.

L'expérience commença. Soudain, presque de manière instantanée puisque seulement quelques secondes après que le faisceau sonore ait été dirigé sur notre jeune patient, celui-ci arrêta son activité débordante et cessa de nous tourner le dos. Il se tenait alors debout dans le coin opposé à celui où sa mère était assise, donc à ma droite — car j'étais pour ma part resté à proximité des appareils qui se distribuaient sur plusieurs plans depuis la porte d'entrée jusqu'à l'angle gauche où se trouvaient la mère et les deux collègues. L'enfant se précipita alors, comme le taureau dans l'arène, droit sur l'interrupteur de l'éclairage de la pièce et nous plongea dans le noir. La lumière que faisaient les petits lumignons de nos appareils électroniques et qui indiquait l'état de mise en marche de l'ensemble, nous permit de voir déambuler l'enfant à travers la pièce avec une déconcertante précision, aller s'asseoir sur les genoux de sa mère, mettre les bras de cette dernière autour de son ventre, prendre une posture fœtale et sucer son pouce. Durant une quinzaine de minutes qui nous parurent d'une durée interminable, notre jeune et colossal fœtus resta dans cette semi-tranquillité qui nous ébahit ; puis, la bande terminée, il se leva, alluma et s'en alla, suivi de sa mère qu'il venait ainsi, devant nous, d'approcher pour la première fois depuis quelque dix ans qu'il l'avait repoussée.

Il me paraît important de faire remarquer ici avec quelle exactitude, avec quelle habileté chaque geste avait été exécuté. Rien n'avait été fait avec hésitation. Le déroulement de la scène montrait qu'il y avait eu, en l'espace d'une pensée, dans cette tête si apparemment lointaine et aliénée de l'univers des autres, élaboration d'un programme précis, sans erreur, sans geste inutile. Interloqués, mais pour le moins passionnés, nous décidâmes, mes collègues et moi-même, de poursuivre l'expérience la semaine suivante. Je proposais d'effectuer, au cours de la prochaine séance, ce que je devais appeler plus tard « l'accouchement sonique ». J'espérais ainsi provoquer la sortie, la naissance de cet être mental intra-utérin, en lui faisant revivre l'accouchement tel qu'il me semblait devoir être réalisé. C'était l'hypothèse que j'avais mise à exécution dans l'expérience précédemment rapportée, en passant des vibrations acoustiques accordées sur les fréquences de l'eau à celles accordées sur les fréquences aériennes.

La semaine suivante, armé du même courage et muni de surcroît d'un filtre continu, j'entreprenais donc et provoquais l'accouchement de notre « mental fœtus ». La mère nous signala un comportement modifié de son fils à son égard pendant les jours qui avaient suivi notre première rencontre. L'enfant avait en effet manifesté à plusieurs reprises un désir de rapprochement, ce qui ne s'était jamais produit antérieurement.

Même comédie dès l'injection de la voix de la mère filtrée reproduisant l'écoute intra-utérine ; notre jeune expérimenté paraissait obéir à des impératifs semblables à ceux de l'expérience précédente, comme s'il était mû par quelques forces inconscientes. Il se mit à éteindre la lumière, puis se dirigeant vers la mère, se réinstalla confortablement sur les genoux de cette dernière, s'enveloppa des bras maternels comme au cours de la première épreuve, se recroquevilla en position fœtale, les jambes repliées, et commença de sucer son pouce. Puis, lorsque l'accouchement sonique fut entrepris, l'enfant, sans changer quoi que ce soit de sa posture, se mit à babiller, à se plonger dans de longues séries de sons, comme s'il faisait un discours. C'était le premier envol, la première ébauche d'une manifestation sonore à laquelle nous assistions, non sans quelque surprise, l'enfant ayant été muré dans le silence le plus complet depuis de nombreuses années. Tandis que nous étions suspendus à l'apparition de ce phénomène extraordinaire, véritable genèse d'un langage qui nous laissait croire qu'une relation avec l'environnement s'amorçait, l'enfant se leva subitement, alluma la lumière et retourna vers sa mère ; toujours avec la même invincible détermination, il lui boutonna rapidement son manteau (nous étions en février). C'est alors que ma collègue me révéla que l'enfant avait signalé, par ce geste, qu'il avait enfin accouché.

N'étant en aucune manière habitué à ces visions et à ces raccourcis psychanalytiques, je fus émerveillé de voir se dérouler les événements d'une façon si rapide et presque miraculeuse. Puis, sans que l'on ait eu le temps de le voir faire, notre jeune se sauva comme l'oiseau qui prend son envol et nous eûmes beau le rechercher, il nous fut absolument impossible de le retrouver dans l'appartement. On devine l'inquiétude générale qui se mit à régner parmi nous. Personne n'avait vu notre jeune balbutiant déambuler dans un couloir, non plus que dans une pièce ; et ce n'est que longtemps après que sa mère, conduite instinctivement, le retrouva non pas là où nous étions en droit de le rechercher, mais dans la rue sur le trottoir, hors de l'immeuble. Il était tranquillement sorti par l'escalier de service dont la porte entrouverte laissait trace de son passage. La mère que son « radar maternel » avait conduite sur le bon chemin avait rejoint son fils en dévalant le grand escalier, se demandant ce que son exceptionnel nourrisson pouvait avoir inventé en dehors d'elle. Il l'attendait d'ailleurs paisiblement. Je précise qu'il était pratiquement impossible pour le non averti de découvrir l'escalier de service de cet appartement. Là aussi la psychanalyste, le Dr F. D., y vit la marque d'une grande signification que je ne pus alors apprécier mais que je comprends mieux aujourd'hui jusqu'à la trouver évidente. Elle me révélait ainsi, chemin faisant, un monde inconnu pour moi, fascinant, sillonné d'un invraisemblable dédale de sentiers parallèles aux voies prises en cours d'existence. Tout se passait comme s'il y avait dans chaque vécu une ou plusieurs significations à décrypter, analogiques, symboliques, impulsives, instinctives, qui définissaient le domaine, si confus pour moi, surgissant sous l'étiquette de l'« inconscient ».

De toute façon, notre première épreuve clinique et disons thérapeutique — bien que le terme semble très mal s'adapter à l'événement que nous venions de vivre — s'avérait positive. Il se passait assurément des remous de fond provoquant des réactions comportementales certaines. Mais nous étions en ce domaine, il faut bien l'avouer, encore très peu expérimentés et la technique que nous avions ainsi élaborée avait été trop rapidement distribuée. Si bien que notre jeune patient, qui n'avait pas du tout envie de naître au monde des hommes, manifesta une auto-agressivité considérable et tenta de se détruire les jours suivants en se lacérant le visage. L'accouchement sonique avait été effectué semble-t-il trop prématurément. Mais cette investigation paraissait avoir ouvert un chemin d'accès d'une très grande importance — du moins je le pensais — concernant la genèse du langage. L'épreuve vécue ainsi par nous en laboratoire faisait transparaître en effet, de façon pertinente, des considérations touchant de près à la schizophrénie et plus spécialement à l'autisme — ce vers quoi je penche plus sûrement à l'heure actuelle en évoquant l'exemple précité — et débouchait sur une voie d'explorations soniques qui trouvait assurément en moi une profonde résonance par l'intérêt qu'elle suscitait.

J'avais été amené, au cours de recherches antérieures, à penser que le langage apparaissait chez le jeune enfant en même temps que son oreille s'ouvrait à l'écoute. J'étais de plus en plus persuadé que cette ouverture ne devait se faire que progressivement et dans certaines conditions affectives bien déterminées. Ce qui m'avait insensiblement conduit vers cette orientation tenait au fait que, en provoquant des conditionnements auditifs contrôlés dans le but d'éveiller l'écoute des jeunes sujets rebelles à l'entendement de l'univers scolaire (comme le sont les dyslexiques, les dysorthographiques, et toute la compagnie des dys... quelque chose), je remarquais chez eux une extraordinaire transformation de leur comportement et une réelle éclosion de leur personnalité, tout comme s'il y avait une libération de l'Etre par effacement des traumatismes antérieurs. Parfois, au contraire, les résistances étaient telles que je notais peu de changement chez le jeune observé. Ces éléments ont été largement commentés dans un ouvrage intitulé « Education et Dyslexie » (1), auquel le lecteur pourra se référer s'il le désire. Il sera ainsi plus sensibilisé aux diverses questions que j'étais à même de me poser alors, tel un *leitmotiv* ; comment aider celui pour lequel une technique, si positive chez les autres enfants, s'avérait chez lui aussi peu efficace ? Pourquoi, lors des séances d'éducation audio-vocale, certains enfants dyslexiques étaient-ils libérés de leur handicap alors que d'autres restaient bloqués dans leur univers de non-relation ?

_____

(1) A. TOMATIS, Ed. ESF, Paris, 1972.

En réalité, ces questions sont restées sans réponse, durant des années, jusqu'au jour où je me suis demandé si les modifications que je savais apporter à l'audition de l'enfant handicapé ne réveillait pas chez lui une écoute semblable à celle de l'enfant dont l'âge se situait entre 5 et 7 ans. Je rappelle brièvement ici qu'au cours de son développement, l'oreille humaine se modifie quant à sa structure auditive et qu'il existe, chez l'homme, plusieurs âges auditifs. Je me demandais donc si le fait de mettre le sujet dans la posture d'écoute d'un enfant jeune ne déclenchait pas la réminiscence d'un état antérieur au traumatisme sous-jacent et ne permettait pas *ipso facto* d'atteindre un plan du psychisme non encore fixé ? Ces blocages, d'origine parfois insignifiante, mais qui existaient assurément chez l'enfant qui les avait vécus sur un mode souvent dramatique, n'avaient de résonance en profondeur que pour lui. Il s'y était cependant enferré et ne pouvait s'en dégager. Tout laissait croire que le seul fait de le replonger dans un univers si différent de celui qu'il subissait, un univers exempt de tracasseries mais déjà vécu, le libérait de ces barrages dont l'importance lui apparaissait alors d'une valeur bien moindre. N'avait-il pas, en effet, tout au long de son enfance, évolué, progressé normalement dans d'autres domaines qui lui permettaient d'atteindre une maturité à partir de laquelle il était capable d'observer un recul par rapport aux événements dont il pouvait désormais juger de la valeur avec un certain sens de la relativité ?

C'est pourquoi après ces diverses hypothèses et à la lumière des résultats obtenus lors des premières recherches sur les sons filtrés, il me paraissait logique de songer qu'il était nécessaire, pour les cas rebelles, de réaliser des vécus soniques de plus en plus antérieurs dans le temps et d'aller jusqu'à tenter de mémoriser le passé de la vie intra-utérine.

Depuis lors, les techniques de sons filtrés ont largement évolué après avoir été maintes fois transformées. A l'heure actuelle, nous pouvons dire qu'elles ont pris, sinon une forme définitive, on s'en doute, du moins un aspect assez classique quant au mode d'utilisation des méthodes appliquées. Certes, la recherche reste ouverte. Je poursuis de mon côté certaines investigations dans ce domaine encore bien vierge, tandis que de nombreux utilisateurs de ces techniques, distribuées en France et à l'étranger, continuent eux aussi de poursuivre leurs travaux dans la même direction. L'intérêt réside dans la confrontation commune des résultats obtenus, recueillis et dépouillés statistiquement. Un ensemble cohérent a pu ainsi être mis au point sur le plan de la programmation inhérente à ces méthodes éducatives (1).

*
* *

Cette « énorme chose » soulevée au cours des expériences précédentes, qu'était-elle exactement ? C'est à la découverte des différents éléments constitutifs de ce « magma psychanalytique » que nous avancerons tout au long de cet ouvrage. Nous y verrons que le filin conducteur dirigé sur la genèse du langage se trouve constitué par des éléments où paraissent imbriqués le psychisme, l'Etre, la conscience et le langage. Mais ce dernier ne cache-t-il pas à vrai dire, sous une même dénomination, cet ensemble de concepts ?

Il représente tout en effet : la fonction et l'acte de la parole, le parler et son contenu, sa sémantique et ses sous-entendus, ses évocations et ses mythes. Aussi pourrons-nous envisager, au sein d'une telle recherche, de poursuivre une démarche permettant de déboucher sur la genèse des phénomènes qui président à l'élaboration de la structure humaine.

Nous tenterons ainsi, dans le chapitre suivant, de présenter l'étude d'une psychogenèse du langage dans laquelle il ressortira que la fonction parlée s'érige parallèlement à la notion de l'Etre. La communication intra-utérine demeurera la cause déclenchante de ce désir de parler qui caractérise le phénomène humain. Car elle naît tout à la fois des premières lueurs qui s'immiscent dans les brumes de la conscience, et des découvertes psychosensorielles et psychomotrices initiales de l'univers utérin réalisées par le fœtus lui-même. Sur la mémorisation intégrée au cours de ce passage de la vie prénatale se grefferont ultérieurement bien des bouffées de l'inconscient !

_____

(1) Ces techniques sont développées dans l'ouvrage intitulé « Education et Dyslexie », A. TOMATIS, Ed. E.S.F., Paris, 1972.

Dans un deuxième temps, nous aborderons la psychogenèse de ce qu'il est convenu d'appeler, en terme psychologique, l'image du corps à laquelle nous associerons la notion de latéralité. Nous verrons ainsi que, au travers de l'action énergisante et de la fonction verbalisante, le langage parvient à sculpter littéralement ce corps dont il semble s'emparer et qu'il investit en masse d'une conscience qui le doit habiter.

Enfin, en dernier lieu, ce dialogue de la conscience avec le corps nous conduira dans le dédale mythique où chaque être se débat, avant que ce dernier ne devienne l'instrument idéal résonnant aux échos d'un langage bâti sur une sémantique dépourvue de toute projection. Et nous pourrons de cette façon envisager une approche de la psychogenèse de l'Œdipe. Il m'est apparu en effet que ce périple sophocléen symbolisait très fidèlement la progression du langage par stades successifs et trouvait une place choisie dans cet ouvrage pour évoquer une dialectique entre l'inconscient et la conscience.

Avant de terminer sur une note qui se voudra éducative, nous nous attarderons sur quelques réflexions relatives au langage humain.

2

PSYCHOGENÈSE DU LANGAGE

La psychogenèse du langage nous apparaît comme se profilant, dans le déroulement de la destinée humaine, au plus profond de la vie embryonnaire. Puis, dans une succession de structures qui vont se complexifiant, le Verbe, en sa puissance, s'empare du corps de l'homme pour l'investir en sa totalité. Ainsi, à partir d'un point et d'un moment bien précis correspondant à la fécondation, une force inductrice conduit le fœtus en son évolution vers son devenir humain.

L'enfant qui va naître prépare sa venue au monde des hommes. Et s'il ne parle pas à l'instant même de sa naissance, il est cependant l' « infans » à l'égard de son état ultérieur qui sera celui de parler. Tout se passe donc comme si cette énergie active qui le dynamise dans son processus humanisant n'était autre que cette langue elle-même qu'il parlera un jour, cette Parole vivante sous-jacente et première qui créera sa condition d'humain ; cette Parole-Pensée verbalisante, ce Verbe qui se veut incarné, ce Verbe, initial départ de tout ce qui existe, dynamique absolue de toute matière.

Cette parole injectée semble être, en l'homme, le seul moteur permanent de son adaptabilité en son désir de croître et le seul mobile de sa réelle existence évolutive. L'humain en est la traduction, élaborée sur cet ensemble en puissance de devenir, et cela sans doute jusqu'au moment où, pour atteindre l'acmée de cette ascensionnelle poussée, l'Etre s'identifie à la Parole jusqu'à n'être plus que la Parole elle-même.

C'est ce périple, en somme, que nous allons tenter de tracer au cours de ce chapitre, étant bien entendu qu'il ne peut être que l'ébauche d'une étude à développer ultérieurement. Il y a tant à dire et tant à faire ! De ce canevas à peine tracé, il est cependant possible d'entrevoir quelles étapes le langage doit franchir pour se reconnaître lui-même comme étant la transcription charnelle du Logos incarné.

Progression systématique et lointaine qui semble s'ébaucher au plus profond de la nuit cellulaire de l'embryon naissant, le langage demeure la vibration première, support sur lequel prend appui, de manière permanente, le processus évolutif.

L'Etre humain parle et, grâce à cette exceptionnelle disposition, il entraîne avec lui l'homme, ce particulier primate, dans un combat quotidien mené pour atteindre la verticalité, cette posture qui le caractérise et qui devient l'objet d'une incessante recherche. Cette course permanente vers un but apparemment insolite le fait lutter semble-t-il, depuis la nuit des temps jusqu'à l'aurore de sa réalisation, avec le verbe qui l'envahit et qui, croirait-on, le veut habiter. Ce combat engagé, qui rappelle étrangement celui de Jacob, lui permet en phase terminale de dominer sa viscéralité, son animalité. De boiteux qu'il était le voilà debout, après une infinie recherche dans la perspective de se sentir traversé et investi de la Pensée verbalisée jusqu'à s'en porter garant en sa corporéité. L'homme devient l'humain lorsqu'il offre son corps au langage qui le veut pénétrer, afin de le mouler sur son dire, et de le sculpter neuroniquement. L'homme devient ainsi, lorsqu'il atteint son humanisation, cette antenne destinée à percevoir le message verbalisé et jetée comme

l'échelle fabuleuse qui dut se déployer devant notre archaïque combattant.

Ainsi, rien n'a changé, et le fils de l'homme devra, de tous
temps, s'engager lui aussi dans une lutte incessante pour
assurer sa progression, non sans encourir les écueils de voir
se dynamiser en lui, grâce à la potentialité qui lui est inhérente, un ego générateur de sa déraison et de sa démesure.
Celui-ci évoluera alors d'autant plus « égotiquement » que
l'éducation et les enseignements de l'existence éloigneront
cette énergie du champ de la conscience.

Mais les étapes à franchir pour que s'élabore cette patiente
et quotidienne ascension, sont celles qui se manifestent justement au travers du langage lui-même. Celui-ci, passant de
structure en structure, s'empare de la matière d'homme pour
le pétrir et le conduire, au cours de sa progression, vers
cette attitude si spécifique de l'homme verticalisé, libéré de
sa main, riche d'une mimique faciale, muni du geste vocalique dont il deviendra un virtuose, possesseur de son écoute,
conscient de la maîtrise de sa corporéité particulièrement
éveillée dans ses processus de latéralité.

Le premier langage est sans doute celui amorcé sur la loi
d'empathie *in utero*, celui enclenché par cette intime communication entre la mère et le fœtus, par ce lien d'amour
qui dépasse le langage tel que l'usage veut le concevoir. Et
cependant, il s'avère de plus en plus évident, du moins en ce
qui me concerne, qu'il n'y a pas de vrai langage si ce premier support n'est pas constitué. Né d'une communication
de contenant à contenu, de chair à chair, de champ humain
à champ humain, aboutissement d'un dialogue sans parole
mais tellement plus parlant au sens réel du terme, lien
authentique de deux êtres que rien ne sépare encore, le flot
d'amour réciproque poussé jusqu'au désir de voir cet état
se poursuivre après la naissance, est sans nul doute le moteur
premier et essentiel de l'évolution linguistique ultérieure.

Cet état de prélangage est déjà la manifestation de l'énergie
verbalisante. Il est difficile certes d'évoquer le Verbe alors
même que rien ne semble être prononcé, que rien ne semble
être énoncé suivant l'interprétation que fait l'adulte investi
par le langage en sa forme habituelle, acoustique, physique,

obéissant à des règles phonologiques et linguistiques. Mais le Verbe en soi apparaît, à celui qui veut bien y songer, sous maints aspects dont celui justement qui lui donne cette valeur d'impulsion première.

Ce langage fœtal, si je puis m'exprimer ainsi, va préparer le babil du nourrisson qui éclatera dès les premiers mois après la naissance. Ce dernier cédera ensuite le pas au bégayage, plus élaboré, première ébauche d'une communication sémantique à distance, à l'adresse de la mère, première marque de l'indépendance et primitive manifestation de l'appel à la verticalité. Ce troisième stade dans l'évolution linguistique représentera en fait la phase de l'expression bilatérale, balançante, bisyllabique.

Puis, cette étape dépassée, c'est au langage des hommes qu'il faudra songer, celui insufflé par le vecteur socio-culturel, et incarné en règle générale dans l'image du père. Ce sera alors l'apprentissage de la langue paternelle au-delà de laquelle certains, plus favorisés que d'autres, parviendront à se hisser jusqu'au sommet du champ conscient où le langage deviendra l'expression même de la pensée glorieusement incarnée.

Cette évolution psycho-linguistique offre, je pense, une possibilité de mettre en évidence la prise du corps par la pensée grâce au langage, qui surgit comme la projection externe d'un système nerveux codé d'informations sériées et programmées. Tandis qu'elle module la formulation parlée, la pensée modèle en même temps le corps humain devenu son instrument. La vie apparaît alors comme le dialogue permanent de l'homme avec son facteur humain.

la communication intra-utérine

L'expérimentation qu'il m'a été donné de faire dans le monde des sons que le fœtus est censé percevoir, m'a conduit à entreprendre un long périple dans l'univers utérin, avec l'espoir peut-être d'y découvrir un jour la genèse du langage. Un tel périple semble pouvoir être effectué de maintes façons et chacun, certes, reste libre d'en dresser le programme comme il l'entend. Je prends le risque d'exposer ici le mien puisque je demeure le vétéran en la matière, ouvrant ainsi la voie à tous ceux qui, par la suite, viendront à leur tour, plonger dans ce cosmos pour l'explorer plus profondément. Sans doute découvriront-ils, non sans surprise, à quel point la plupart des hommes restent désespérément fixés à cet univers fœtal sans connaître jamais les moyens de s'en détacher, de s'en libérer, comme s'ils ne pouvaient parvenir à prendre leur envol.

Et pourtant, notre satellite humain né d'une cellule unique, l'œuf, dont l'induction multiplicatrice se trouve révélée par l'étincelle spermatique, devra être conçu non pas pour demeurer le fils de sa mère au plus profond de la vie utérine, mais bien pour que se reflète un jour en lui, au travers de la fonction parlée, l'univers qu'il saura alors intégrer en s'y intégrant à son tour.

Mais combien de ces satellites parviendront-ils à se réaliser dans la puissance verbale que leur insuffle la notion d'exister ? Combien d'entre eux atteindront le but en larguant les amarres ? Car. enfin, ce sont bien d'amarres dont il s'agit, et qui empêchent d'avancer cet être dont la destinée est essentiellement dynamique. N'est-il pas en effet inéluctablement conçu, pris, entraîné dans un univers qui se manifeste par son éternel et incessant mouvement ? Comment alors pouvoir parler de blocage, de fixation, d'immaturation, de retard ? Ce sont là justement les impédimenta que l'homme sait génialement collecter, amonceler pour que s'éloigne de lui à tous moments, le chemin initialement tracé. Ne lui suffirait-il pas cependant de se laisser porter par ces mêmes forces inductrices qui ont créé le fœtus et qui semblent le conduire sur une orbite qui est la sienne ? Et pourtant, l'homme paraît aussi peu confortablement installé sur cette trajectoire que l'acrobate sur sa corde, comme mû par une inspiration qui lui fait perdre sans cesse le fil conducteur de cette voie toute indiquée. Certes, rien n'est aisé au sein d'une telle démarche et, si la légende veut qu'une lumière soit là pour que s'éclaire le chemin, elle nous rappelle bien justement à travers cette image ancestralement transmise, que nous continuons de voguer dans les ténèbres...

Il est plusieurs manières d'aborder la progression de l'Etre. On peut, par exemple, se référer à l'évolution anatomique, stade par stade, et même, si on le désire, organe par organe. C'est ce que fait l'embryologie. Ce n'est pas cela en vérité qui nous intéresse ici, mais bien la structure de l'Etre en soi, en tant que dynamique psychologique de cette organisation cellulaire grandissante. Ce cheminement offre-t-il vraiment un intérêt ? Personnellement, je le considère comme essentiel. Il permet d'aller en deçà de la naissance sur laquelle la psychanalyse freudienne et surtout kleinienne a fixé son point zéro. Il conduit à repenser l'individu psychologique et verbalisé à travers des archaïsmes qui n'ont pas besoin, pour être évoqués, de toute la symbolique archétypale jungienne. Il ouvre une voie dans une direction non explorée, riche de toutes les expériences vécues par le fœtus. On sait maintenant combien celui-ci, au sein du couple qu'il forme avec sa mère, sait être participant et actif, beaucoup plus à vrai dire qu'on ne le soupçonnait jusqu'alors...

Les données actuelles des sciences biologique et psychologique sont encore embryonnaires dans le domaine de la vie fœtale, mais je suis persuadé que de nouvelles techniques de plus en plus perfectionnées permettront bientôt de sonder ce monde utérin dans lequel l'homme doit retrouver son essence, son enveloppe première, sa configuration initiale, sa vie primordiale. Dans cette structure évolutive embryogénétiquement bien connue, des éléments nouveaux doivent se dégager pour qu'il soit possible de voir germer, éclore et s'épanouir le suprême éveil qu'est la conscience de l'Etre surgissant de la notion d'exister, supports indispensables du désir d'exprimer.

L'AVENTURE

Ainsi l'œuf est ensemencé... et l'aventure commence. Est-ce cette même force dont nous parlions tout à l'heure qui va induire l'homme et l'humain ? Première énigme. Rien ne semble infirmer une telle hypothèse. Pourquoi songer d'emblée à une dualité, si gênante par la suite à réintégrer dans un tout ? Ce qui oblige toutefois à penser à une dichotomie réside en la distanciation qui se crée entre une évolution cellulaire obéissant invariablement à un programme préétabli, Dieu sait comment, et un psychisme évanescent perdu dans les brumes des temps, qui s'accroît chaque jour parallèlement à la croissance cellulaire et plus spécialement à la progression du système nerveux. Ce dernier, qui semble toutefois désobéir tandis qu'il se recherche, aura pour rôle de centraliser les informations devant mémoriser l'expérience vécue ; et lorsque la collection de ce savoir s'avérera suffisante, la reviviscence en sera la traduction psychologiquement reproduite lors de toute stimulation évocatrice ultérieure.

C'est ce vécu mémorisé, en latence de verbalisation, qu'il nous intéresse d'inventorier à la lumière de l'expérience des sons filtrés intra-utérins. Ainsi pourront s'individualiser les premières fixations qu'il sera utile d'approfondir sous l'angle psychanalytique et psycho-somatique afin d'en découvrir l'aspect psycholinguistique.

Nous voilà donc au commencement de notre aventure fœtale. L'œuf est ensemencé, le départ est donné. Dans quelles conditions ? Est-ce le fruit d'un hasard, d'un « accident », comme on dit dans le langage courant ? Cet être qui va se construire dans l'univers utérin aura-t-il été désiré par le couple, ou seulement accepté et peut-être souhaité par l'un des composants parentaux, ou bien refusé par les deux protagonistes ? Toutes les variantes vont s'offrir pour stigmatiser le point de départ : depuis l'acte né de l'amour qui unit deux êtres, jusqu'au rapprochement accidentel de deux individus qui « font l'amour ».

Mais quelles que soient les conditions dans lesquelles se réalise l'accouplement, l'œuf entreprend inéluctablement son chemin dans l'univers utérin. Il poursuivra son travail de complexification en dépit des circonstances qui auront présidé à sa mise en route. Et pourtant, l'avenir de l'Etre naissant dépendra, j'en reste persuadé, de cette impulsion de départ. La manière de fabriquer ce futur homme n'est pas sans importance, et s'il nous est encore difficile d'affirmer avec précision qu'elle aura une action directe sur l'œuf lui-même, il demeure incontestable qu'elle laissera une large empreinte sur l'enveloppe qu'est la mère. Les conséquences marqueront de façon indélébile la maternité, qui n'est autre qu'un dialogue entre deux êtres, élaboré à travers toutes les voies de transmission, toutes les vibrations qui inondent la mère pendant sa grossesse. Ainsi la mère nourricière portera animalement ou humainement ce grain d'humanité.

Ce qui est frappant, en premier lieu, est de constater la disproportion qui existe entre l'œuf et le spermatozoïde. Est-ce à dire que la part qui revient à chacun de ces éléments est en rapport direct avec ces dimensions initiales ? Si l'on songe que la grossesse est essentiellement menée par la mère porteuse de l'œuf que le spermatozoïde vient de féconder, on peut supposer que l'apport masculin est bien mince. Certes, l'homme par son intervention joue le rôle de révélateur, d'élément dynamisant. Mais, sans vouloir en diminuer l'importance, il me paraît utile de préciser que, en dehors du coup de fouet initial, la manne de la gestation est fournie en totalité par la mère, et cela durant neuf mois. Nul doute que cet être naissant est le fruit des entrailles de la mère. La part qui revient au père semble dérisoire en la circonstance et, n'était le risque de le ridiculiser, je dirais qu'elle paraît infime, en tout cas par rapport à l'image qu'il s'en fait généralement. En poussant à l'extrême et par plaisanterie en quelque sorte, on pourrait dire qu'il est à la limite de la parthénogénèse.

Je n'oublie certes pas la danse et l'accouplement chromosomiques que je ne voudrais aucunement minimiser, mais j'aimerais toutefois rappeler à ceux qui l'ont oublié que pendant la grossesse, la mère contribue seule à alimenter substantiellement, matériellement son fœtus, qu'elle est seule à ériger cette nouvelle structure du fils de l'homme.

Que l'on se rassure cependant sur le rôle du père qui peut être considérable dans la mesure où celui-ci comprend qu'il est au service de ce couple naissant « mère-enfant », qu'il en est le serviteur, le nourricier, l'élément de sécurité. Mais avant d'atteindre ce stade, ce degré de maturité pourrait-on dire, l'homme compense le plus souvent sa faiblesse apparente en jouant, bien puérilement il est vrai, de sa force, de sa virilité, de son génie. Il exerce ses talents dans toutes les directions de son activité, de sa pensée, pour justifier de son importance. Il est le plus musclé ou le plus pensant, cherchant à créer et à produire, à se préoccuper des problèmes de l'existence. Il se hisse jusqu'au rang des philosophes, des biologistes, des chercheurs, des poètes, des musiciens, essayant ainsi de sécréter à sa manière quelque œuvre, fruit de son « génie », enfant de sa production.

La femme, elle, demeure imperturbable devant cette agitation provoquée chez l'homme par des problèmes qu'elle comprend jusqu'à les vivre, elle qui sait donner la vie. Et, tandis que l'époux s'interroge sans cesse sur l'Etre, la naissance, l'existence et la mort, la femme reste le plus souvent indifférente à de telles investigations, car elle est la vie elle-même. Seule, elle sait donner la naissance et transmettre l'âme ; de ce fait, elle surpasse dans sa production ce qu'aucun philosophe ne réalisera jamais ; et l'on comprend que la féminité soit attribuée à toute l'imagerie symbolique atteignant un certain niveau d'abstraction, telle la beauté, la bonté, la justice, la loyauté, la vérité... Dieu n'était-il pas femme au dire des Anciens, quand il créa ?

Mais l'homme ne doit pas pour autant en être diminué. Il demeure le promoteur généreux de cette masse en marche. L'impulsion de départ se poursuit pour lui par la prise en charge du couple indissociable mère-enfant, en vue d'assurer l'apport matériel, nutritionnel. Il est tout d'abord le compagnon aimant, générateur du dialogue avec l'épouse, au travers duquel cette dernière se réalise dans son état de femme, tandis qu'elle s'investit, en sa verbalisation sereine, de sa plénitude de mère. Grâce à la permanence du soutien sécurisant de l'époux, elle peut communiquer intimement avec cette chair qu'elle féconde à chaque instant de sa grossesse.

Elle élabore ainsi par sa parole vivante, les premières jonctions avec son fœtus. Elle incarne le verbe en ce corps qu'elle crée. Son dialogue d'amour avec l'environnement et avec sa progéniture trouve un support permanent dans la compréhensive adhésion de l'époux à sa maternité. Elle n'a besoin d'aucune autre richesse car, à cet instant précis, elle les possède toutes.

Revenons maintenant à cet œuf qui croît, multipliant rapidement, de manière exponentielle, le nombre de ses cellules. Celles-ci s'apprêtent à vivre une longue vie de communauté au sein de laquelle des groupes vont peu à peu se différencier et recevoir des attributions bien définies, suivant un programme pré-établi auquel ils devront obéir aveuglément. Ainsi, bien que de même origine, les cellules semblent perdre progressivement leurs liaisons premières, alors que tout en vérité témoigne de leur communion biologique, sorte de langage embryonnaire, à l'origine de la véritable communication. Les relations de cet œuf qui grandit dans sa coque utérine seront de premier rang dans les conditionnements qu'elles vont déterminer et qui seront collectés et enregistrés à mesure que se développeront certaines cellules particulièrement destinées à cet usage. Le système nerveux assurera la jonction de cet ensemble naissant en même temps qu'il en conservera la mémoire.

Et tandis que s'organise la couche ectodermique qui donnera paradoxalement la peau et le système nerveux, des jonctions perfectionnées, des relais spécialisés vont s'établir en vue de constituer les futurs appareils sensoriels. Ceux-ci semblent rappeler à tous moments que l'homme n'est qu'un ectoderme sensible, en communication permanente avec l'environnement. La somme des informations recueillies à ce niveau réalise alors ce que l'on peut appeler chez l'homme sa première connaissance, sa première science, le vécu senti de son expérience primordiale.

Les impressions éveillées par le contact liquidien et pariétal s'accentueront tandis qu'augmenteront les dimensions de l'enveloppe utérine, expansible jusqu'au neuvième mois. D'autres excitations précocement perçues, seront provoquées par les sons. Les impulsions sonores liquidiennes apporteront au fœtus mille impressions, depuis les bruits viscéraux de tous ordres jusqu'au battement sécurisant du cœur de la mère. Toutes les mécaniques digestives s'avéreront riches en bruitages divers, suivant la mise en fonction de tel ou tel organe : on peut imaginer aisément le bruissement orageux d'un estomac qui se contracte et se spasme rythmiquement, la course du chyme broyé dans les premiers étages duodénaux sortant en salve du pylore et provoquant des contractions de la vésicule et la mise en route de sécrétions pancréatiques. On aimerait réentendre cet orchestre viscéral animé par les différentes progressions liquidiennes dans l'orgue que fait l'intestin grêle pour déboucher dans le gros côlon, plus ou moins gargouillant. Quelles impressions de cet univers sonore l'enfant gardera-t-il dans les profondeurs de son âme naissante ? Celles d'un séjour passé dans une caverne, véritable habitat hanté de ces bruits vivants et inexpliqués qui le remplissent peut-être d'effroi et d'inconnu, prémices de ses phantasmes ultérieurs devant l'orage et la tempête ?

Heureusement, le battement plus lointain de l'horloge cardiaque marquera le temps de son tic-tac permanent, doublé de la coulée sonore et caressante du flux et du reflux respiratoire qui s'accompagnera du balancement tranquille de la coupole diaphragmatique, de ce balancement, de ce bercement si souvent souhaité par l'enfant après sa naissance. Les vicissitudes de ces différents rythmes feront ainsi connaître au fœtus les pressions émotionnelles de l'environnement.

LE DIALOGUE

Puis plus étrange, plus épisodique, plus difficile à capter, riche en sons et en modulations, apparaîtra la voix maternelle. Elle sera pour les uns une longue et chaude mélopée ; pour les autres, moins favorisés, elle ne sera que phrases entrecoupées et sans chaleur, sorte de sourd mutisme affectif ; tandis que pour certains enfin, elle sera vecteur d'hostilité.

Est-il besoin de rappeler ici brièvement que dans le langage, la sémantique n'est pas seule transmise; la charge significative des mots n'a pas seule valeur de communication. Il y a la manière de dire ces mots, de transmettre le message enrichi de la charge affective, vrai substrat de la communication initiale ; comme si l'amour de la mère passait essentiellement sur cette modulation première. Notre fœtus évoluera dans cet univers sans savoir d'où lui vient cette charge affective qui le traverse de toutes parts comme la vibration première de son humanisation.

On se souvient de cette admirable définition de l'amour que rapporte Saint Jean de la Croix, et qui rappelle étrangement cette vibration unique sur laquelle :

« L'amour est un je ne sais quoi,
    Qui vient je ne sais d'où
    Et qui donne la mort je ne sais comment.

    C'est une touche délicate
    Qui frappe sans faire de bruit
    Et parfois prive de sens
    Sans qu'on sente comment elle est produite.
    Et sans qu'on sache comme cela s'est passé,
    Elle se meut on ne sait vers quel but,
    Elle entre on ne sait par où
    Et elle donne la mort on ne sait comment. »

Tout sera dit par ce mode de communication si riche en valeur informationnelle, au-delà même de ce que nous pourrons soupçonner. L'enfant à venir, alors même qu'il grandit — ce qui se fait normalement suivant un ordre préétabli — va s'engager dans son devenir d'homme. Il y parviendra en rencontrant, dans cet univers sonore, une communication à son adresse. Le dialogue entre la mère et l'enfant va s'installer. La mère dans tout ce qu'elle fera, dans sa manière de vivre, dans sa façon de parler, dans son comportement deviendra ce que l'enfant va faire d'elle. Elle est une femme enceinte, il en fait une mère. Et par-delà cette métamorphose, elle fait de ce fœtus le fils de l'homme. Tout, durant la grossesse, sera ou devrait être douceur d'aimer celui avec lequel s'engage le dialogue d'une existence.

La mère tient en elle ce fruit qu'elle saura porter à maturation animale et qu'elle parviendra à transfigurer par une union élaborée au niveau d'une communication préverbale. C'est un véritable duo d'amour qui s'établit entre la mère et l'enfant, le seul vrai et pur qui soit, fait de chair dans la chair, de création dans la création et qui prépare l'Etre à son envolée humaine dans le groupe social, loin des attaches initiales désormais larguées, pour que puisse enfin se réaliser la véritable insertion de l'Etre dans la grande enveloppe qu'est la nature.

Le dialogue s'engage, affectif, aimant et plein de sollicitude, au sein des entrailles maternelles où tout est infinie compréhension. Il n'y a rien qui ne soit pas absolu dans la mutuelle adhésion de ces deux êtres qui forment un extraordinaire couple amoureux. La mère par sa voix imprime les neurones de son enfant d'une marque indélébile, conservant elle-même la mémoire de cette véritable union dans sa forme idéale.

Le fœtus ne demeure pas inactif à l'intérieur de ce vaste programme et, tandis qu'il entame le dialogue à sa manière, il explore rapidement le milieu dans lequel il se trouve. Il prend conscience en même temps de l'être embryonnaire qu'il est, dans ce monde qu'il commence de connaître. Son exploration se poursuit chaque jour devant un être qui grossit à vue d'œil, pour lui qui ne voit rien. Tandis qu'il croît, que son cerveau progresse et que les synapses viennent assurer les relais, « l'image » du corps en herbe commence à se construire. Dans cette intégration forcément parcellaire, les contacts des parties les plus largement représentées sur le plan cortical vont avant tout dominer : les mains auront une énorme représentation, puis la tête ; par contre le corps, notamment le tronc, peu projeté, risque de n'être pour le fœtus qu'une masse d'où se détache la tête. De plus, un long cordon est là, source de vie, source de nutrition, invraisemblable pipe-line ingénieusement conçu, qui sait tout donner, qui sait apporter la sève nécessaire à la poussée de l'être, j'allais écrire à la poussée de l'arbre, car il me vient à l'esprit une anecdote que je pense devoir consigner ici tant elle me semble significative.

L'ARBRE FŒTAL

Il s'agit de l'histoire d'un dessin d'enfant, d'un dessin qu'une petite fille de trois ans, très ouverte et très épanouie, décida un jour de me présenter. Elle m'annonça qu'elle allait dessiner un arbre. Je lui fournis alors le nécessaire pour qu'elle me traçât son dessin et, tandis que je la regardais, elle dessina devant moi, avec une habileté incroyable et une précision déconcertante rappelant la virtuosité d'un maître, un phallus digne de figurer dans une collection du genre. Je restais subitement perplexe devant cette enfant qui me tendait si candidement son chef-d'œuvre afin de recevoir mon appréciation ; et tandis que je lui signifiais que c'était beau, je me demandais si elle pouvait réellement avoir en elle, imprimé neuroniquement et archaïquement, le modèle phallique de ce qu'elle me dessinait avec tant de désinvolture et de sincérité. Son arbre prit soudain en moi l'aspect d'un arbre, tandis que je me sentais seul responsable de cette interprétation de l'image phallique qu'elle venait de me présenter. N'était-ce pas ma mentalité d'adulte, fortement conditionnée par l'idée de la permanence de l'archétype phallique, qui me faisait voir en cet arbre un phallus surgissant comme le diable à ressort enfermé dans sa boîte, alors même que l'enfant n'avait aucunement lieu de le pressentir dans son champ d'inconscient, non plus que de le découvrir dans un des recoins de sa mémoire archaïque.

Et pourtant, elle me dessinait, à ne pas s'y méprendre, un ensemble structuré, intégré, une forme qui ne pouvait venir que de l'étage supérieur de son pouvoir analytique et synthétique. La rapidité de l'exécution, la précision du trait, semblaient faire revivre à l'enfant le contour d'une forme connue, sentie, bâtie sur le mode multidimentionnel. Quand avait-elle pu intégrer un pareil schéma si prestigieusement projeté ? N'était-il pas celui de ses impressions utérines ? Cette boule si bien dessinée que je prenais pour le gland du pénis, n'était-ce pas sa tête dans le souvenir utérin ? Le tronc ne représentait-il pas le cordon ombilical avec lequel elle avait joué durant des mois ? Et ces racines n'étaient-elles pas l'image de l'insertion placentaire si souvent explorée ? Enfin la séparation, véritable collet du bloc supérieur de l'arbre naissant avec le tronc, n'était-elle pas la séparation de l'embryon de l'être avec le cordon déjà externe à lui ? Tandis que je m'enfonçais dans ce genre nouveau de réflexions, l'univers utérin prit pour moi une vie et une réalité jusqu'alors insoupçonnées. Cette nouvelle interprétation qui me paraissait évidente m'obligeait à reconsidérer ce que pouvait être, dans l'imagerie fœtale, l'interprétation de l'environnement et me poussait à essayer de dénombrer les impressions nées de la rencontre avec le cordon ombilical.

LE CORDON OMBILICAL

Ce cordon, véritable pipe-line assurant la nutrition, la respiration, la vie, n'est-il pas là pour apporter la sécurité grâce à ses attaches fixées aux bords du lac utérin, essentielles amarres ? Dans un même ordre d'idée, n'est-il pas à l'origine de cette sensation maternellement saturée, à jamais imprimée au tréfonds de la viscéralité de chaque être, par l'action du nerf pneumogastrique naissant aux abords du cordon et plongeant dans la cavité endoblastique ? Ce nerf saura sans aucun doute susciter ultérieurement dans son champ neurologique les reflets inconscients de nombreux états d'âme. Sans doute saura-t-il aussi, après la naissance, teinter ces lames de fond — véritables « vagues à l'âme » que son antique dénomination « vague » semble soutenir — de nostalgiques et irrésistibles appels à cette mère lointaine.

Et puis, quel compagnon de jeu que ce cordon ombilical ! La première corde à sauter ! Mais aussi peut-être l'objet des premières misères. Au cours de ses pérignations dans son univers restreint, le fœtus peut en effet, après une succession de gestes malencontreux, aller jusqu'à s'étrangler avec ce même cordon auquel, quelques instants auparavant, il accordait tant de qualités. Dans l'imagerie fœtale, ces fâcheuses circonstances auront tôt fait de donner à ce transmetteur de vie, support de sagesse future, des facultés d'agression qui feront de lui cet anguis dangereux, source des angoisses premières au sein de la nuit utérine, jusqu'alors paradisiaque.

L'ébauche d'une ambiguïté se dessine désormais à l'adresse d'une simple attache, inerte en soi puisque immobile, non innervée, non irriguée, véritable tube de collagène traversé de vaisseaux, et cependant porteuse de vie, qui devient tout à coup active et porteuse de mort. Elle est, dans certaines circonstances favorables, celle qui insuffle la manne céleste ; dans d'autres conditions imprévues, elle devient énigmatiquement hostile. N'est-elle pas désormais ce serpent qui hante toutes les activités humaines, apparaissant tantôt comme le vecteur de vie par sa fonction inhérente à la progression organique, et tantôt comme l'empreinte d'une angoisse de mort incomprise, immanente cependant, suspendue à ses manifestations apparentes, lors des déplacements fœtaux par exemple. Aussi, plus la relation sera grande avec ce cordon auquel est accordée désormais une autonomie active, plus les tensions deviendront dangereuses.

Pour dialoguer avec l'univers utérin, pour comprendre et appréhender l'environnement, le fœtus devra maintenant se considérer, en présence de cet anguis ombilical auquel il reste appendu, comme livré à son bon vouloir. Tout mouvement, toute exploration seront ou risqueront d'être sévèrement sanctionnés ; le contrat est inéluctablement passé qui plonge la condition fœtale, embryon de la condition humaine, dans l'ambivalence d'un choix qui oscillera sans cesse entre les deux pôles extrêmes d'un balancement dans lequel se jouera l'évolution psychologique potentielle du futur homme. Ce dernier devra opter pour une vie empreinte de fausse sagesse, construite sur l'inertie de l'ignorance, ou pour une vie active, l'obligeant à affronter journellement l'angoisse suscitée par ces premières manifestations. Toute activité neuronique ne pourra désormais s'éveiller dans quelque domaine que ce soit, sans que surgissent les soubresauts motivés par les impressions des premiers conditionnements viscéraux. Faudra-t-il alors se nourrir de toute l'information venant de ce premier serpent, symbole de vie et de sagesse ? D'aucuns le prétendront au sein de leurs légendes. Faudra-t-il au contraire s'agiter obstinément pour explorer l'univers environnant pendant que l'anguis ombilical augmente la pression du licol qu'il sait placer au niveau de la « pomme d'Adam » ? Curieux présage marquant toutes les tribulations de notre homme en gestation, enserrant son être naissant dans de légendaires tenailles.

En dehors de l'imagerie évoquée par ce serpent porteur de tant de significations, le tronc nourricier de ce premier arbre ne devient-il pas lui aussi mythique ? Arbre de vie et arbre de connaissance tout à la fois. Image de la vie, il l'est par essence, par la vie qu'il transporte. Le cordon ombilical devient alors le symbole de l'énergie qu'il transmet et qui fait du fœtus le fruit de cet arbre. Ce fruit n'est évidemment pas à dévorer car ce serait le suicide. La légende de l'Eden ne s'y trompe pas. Elle le laisse en paix. Mais l'autre, l'arbre de connaissance, celui qui laisse s'immiscer dans l'être à peine naissant la notion de son indépendance par rapport à ce tout qui l'environne, devient la source de la fatale erreur. Cette première prise de conscience fait du cordon ombilical tout à la fois l'objet dont on ne peut se délivrer, mais aussi celui dont on voudrait se séparer pour l'avoir ressenti déjà comme extérieur à cet ego naissant. Car cette machine à intégrer, si puissamment occupée à organiser sa programmation future, se prend déjà dans des élans présomptueux, à se croire dégagée de tout ; ce mouvement séparatiste, sans doute ressenti parallèlement par la mère elle-même, va s'insérer profondément dans le codage neuronique et transformer le premier dialogue entre la mère et son enfant, en un second qui s'organise autour de l'anguis ombilical, désormais empreint de charges affectives, et que l'Etre revivra en général tout au long de sa vie.

La mère n'est-elle pas elle-même déjà investie d'un sentiment d'indépendance par rapport au Cosmos qui l'enveloppe, et cela au sein de sa maternité ? N'est-elle pas persuadée de créer elle-même ? Ne se sent-elle pas l'instigatrice de ce qu'elle croit ne venir que d'elle ? Elle ne touche pas à l'arbre de vie mais bien à celui de la connaissance. Aussi son anguis messager conseillera-t-il à son compagnon utérin de goûter aux mêmes délices présomptueuses.

L'information accumulée dans le système « mère-utérus-embryon » puis « mère-fœtus » sera simplement emmagasinée mais ne pourra être décodée par le fœtus, la mémoire n'étant pas encore capable d'utiliser ce stockage d'informations captées par l'appareil global « peau-organes sensoriels ébauchés, système nerveux démarrant ». Ce ne sera qu'au moment de l'achèvement de cette organisation, que seront ultérieurement intégrés, analysés, inventoriés, distribués, les différents éléments des informations acquises, initialement emmagasinées dans l'éponge fœtale. Quelle besogne quotidienne faudra-t-il ensuite assurer, toute une vie durant, pour que ressurgisse à la conscience cette connaissance acquise ! Et n'est-ce pas justement au moment où le fœtus commence à ressentir quelque apaisement dans son univers utérin, cet univers qu'il prétend construire de son savoir, que tout va s'effondrer et se terminer par la dramatique séparation ?

de la naissance au langage

LE PREMIER CRI

C'est à l'occasion de l'élimination soudaine du fœtus de ce paradis obscur plein d'inconnues pour lui sans doute mais dans lequel il était devenu le maître, qu'apparaît le fondamental déluge. Dans un bouleversement total, au cours d'une terrible subversion, le fœtus disparaît à sa vie première, pour naître à l'univers des hommes. L'abandon doit équivaloir par le passage de cet étrange défilé, à une descente vers le plus profond des « chemins qui conduit au bord de l'Acheron ». L'enveloppe a éclaté, elle est désormais de dimensions incommensurables ; des repères anciens, il ne reste rien ; le cordon ombilical a été coupé. Ce lien qui était l'attache nutritionnelle ou sécurisante sera désormais recherché toute une vie durant.

Ainsi le fœtus mort à la vie utérine, né à la vie des hommes, semble avoir beaucoup de soucis devant les problèmes à résoudre, tous immédiats et vitaux. Par la section du cordon ombilical, il étouffe, il manque d'oxygène, il doit respirer, ouvrir cette bouche jusque-là destinée à sucer le pouce, les mains ou le cordon ombilical lui-même ; il doit dévorer l'air qui l'environne pour déployer ses poumons. Encore tout abasourdi de l'aventure ébauchée, il jette un cri que l'environnement attend comme un signe de vie, lui qui hurle à la mort. Le contact est alors désormais établi avec ce bain aérien, support d'énergie, de souffle et de son.

Quel cri énigmatique que le premier cri lâché dans l'espace ! Est-ce celui du désespoir d'avoir abandonné le paradis perdu ? Est-ce un cri de douleur que le passage dans la filière étroite a suscité ? Est-ce un cri d'effroi devant l'immensité environnante ? On imagine mal que ce soit un cri glorieux, sorte d'embryonnaire *alleluia* que ces jeunes poumons veulent extirper de la « trompette laryngée » pour effondrer les murs qui lui résistent encore. Peut-être est-ce un simple réflexe d'un sphincter qui se bloque à l'expiration d'un organe tout neuf, le poumon, pour la première fois déployé ? Que chacun rêve sur ce qu'il croit que ce souvenir évoque en lui.

Toujours est-il que notre jeune promu au rang des nourrissons, après avoir abandonné son monde liquidien, doit s'engager dans le milieu aérien, future demeure de sa vie humaine. Le souci respiratoire satisfait en première urgence, il y aura celui de la nutrition. Ce n'est pas si simple. Tous les mécanismes à mettre en route pour accéder à cet état s'avèrent très complexes. Il n'y a pas lieu de les analyser ici, mais simplement d'en admirer le fonctionnement automatique ancré dans des déterminismes extraordinairement établis, et d'en apprécier la mise en route systématique.

Après avoir été plongé pendant plusieurs mois dans l'obscurité absolue de l'univers utérin, notre nouveau-né se trouve brusquement inondé de lumière. Devant cet éclairement intense et soudain qui accompagne l'entrée dans le monde des grands, des géants, il choisit de s'enfuir dans le sommeil, seul moyen pour lui de se réfugier dans l'oubli de sa condition présente et dans le souvenir du passé vécu lors de son existence antérieure, de son existence fœtale. Peu d'entre les hommes sauront se dégager ultérieurement de cette emprise du dormir, refus premier d'affronter la vie à vivre. Les limites physiologiques du sommeil sont souvent largement dépassées dans un dessein archaïquement ancré de fuir le présent jusqu'à n'être pas, et de revivre intensément, parfois jusqu'à l'épuisement, l'épisode intra-utérin. Il est plus éprouvant de dormir trop que de vivre beaucoup.

Replongé dans l'atmosphère obscure qui lui rappelle son existence fœtale, notre nourrisson retrouve dans un demi-sommeil le bruitage élaboré au cours de son périple utérin et d'où il sait déjà extraire les modulations d'une voix aimante, celle de la mère, si riche affectivement, qui a su donner un sens à la vie de relation intra-utérine. Il en retrouve le rythme, la cadence, le timbre, la douce mélopée dont il va à nouveau se nourrir. Il les boit, les dévore, tout autant qu'il sait goûter au sein ou au biberon que la mère lui offre, alors même qu'elle l'inonde de son souffle qu'il continue d'entendre et de respirer. C'est cette première intimité qu'il voudra recréer et qu'il pourra d'ailleurs aisément réaliser pendant les dix premiers jours de sa vie, du fait que son audition ne sera pas encore modifiée. Jusqu'au dixième jour, en effet, l'oreille moyenne au niveau de la trompe d'Eustache reste pleine de liquide amniotique, si bien que la transmission sonique est encore largement liquidienne... Puis tout s'évanouit. Le nourrisson plonge alors dans un univers de silence dont il ne pourra s'évader qu'après plusieurs semaines, plusieurs mois de recherche accommodative en vue de retrouver les modulations si chères de la voix maternelle.

LA PHASE PHONIQUE

Ainsi, après le cri du commencement, déchirure brutale du silence qui entoure la naissance et, aux yeux de tous, indice de vitalité pour ce grain d'homme, le langage ne cessera plus de se manifester que de manière acoustico-expressive.

Ce nouveau venu que nous avons vu plongé jusqu'alors dans une infinie communion, se trouve soudainement éliminé de cet ovoïde, qui l'enserrait en une étreinte telle qu'il pouvait prétendre bénéficier d'une jonction sans solution de continuité avec l'environnement périfœtal. C'est pour retrouver cet état d'exceptionnelle communion — je l'ai précisé plusieurs fois par ailleurs mais il ne me paraît pas inutile d'y revenir — que le désir de communiquer se structure jusqu'à bâtir, au cours des semaines qui vont suivre, cette même jonction si fortement ressentie jadis. Mais l'environnement a considérablement changé et les possibilités d'adaptation auditive se sont modifiées. Aussi la recherche de cet univers perdu de communication avec la mère ne se fait-elle pas sans soucis. Dans le désir de poursuivre cette relation commune, le nourrisson ne manquera pas de sentir le poids de la dépendance inhérente à cette situation et de saisir le prix qu'il faudra payer plus tard pour se libérer. Puis, tandis que la notion de l'environnement s'élargit et que l'horizon perceptif s'éloigne, une extension du champ de communication va être entreprise courageusement pour aboutir, en fin de course, si aucun obstacle majeur ne vient s'interposer, à l'insertion sociale. Ainsi le cercle s'étend périphériquement tandis que le centre d'intérêt linguistique se déplace. Essentiellement structuré sur un univers égotique chez le nourrisson et le jeune enfant, il change et se différencie à mesure que se profile « l'autrui » comme un « alter ego », comme un « étant-en-soi » bénéficiant d'une réalité existentielle. Puis grâce à ce trait d'union avec le milieu environnant, le langage se construit d'une façon exponentielle en laissant s'imprégner neuroniquement la langue ambiante du milieu socio-culturel. Il est hors de doute qu'il existe neurologiquement ou mieux psycho-neuroniquement une prédisposition à intégrer l'idiome de l'environnement, issu lui-même d'un codage neuronique déjà réalisé.

Le langage premier, créé à l'intention de la mère, ne représente plus pour l'adulte endurci qu'un babil charmant certes mais sans résonance évocatrice, alors qu'il est assurément la traduction phonique de la communication intra-utérine. Si surprenante que puisse être aux yeux ou plutôt aux oreilles du spécialiste, une telle affirmation, il n'y a pour l'en convaincre qu'à lui demander d'assister au dialogue extraordinaire qui s'établit entre la mère et son nourrisson. Le moindre son émis par l'enfant, le plus minime bruitage, la plus infime mobilité du visage, et tout est immédiatement appréhendé et interprété par la mère aimante. De même le nourrisson réagit dès que sa mère lui adresse quelques modulations en réponse à ses appels.

Durant cette phase, la deuxième donc sur le plan de la structure de la communication, le « radar » phono-acoustique prend rapidement le pas sur les autres modes perceptifs. La mise en route d'un tel ensemble émetteur-récepteur d'où pourra transparaître l'ébauche d'une pensée, se réalise, non sans maintes difficultés on s'en doute, grâce à la poussée permanente du désir de communiquer.

Bientôt, tandis que se construit ce premier échafaudage sensori-moteur en quelque sorte, une asymétrie spécifique du langage commence à s'installer d'une manière insidieusement progressive, comme surgissant de la symétrie corporelle apparente. Ebauche de la latéralité, émanation directe de l'acte de la parole et genèse de la notion de l'instrument-corps mis au service du psychisme, elle projette en surface la dysymétrie viscérale dont nous aurons à parler plus longuement dans les chapitres traitant de l'image du corps et de la latéralité. Cette dysymétrie viscérale faisant intervenir puissamment le nerf pneumogastrique si impliqué dans la fonction verbale, se retrouve tout particulièrement sur le trajet des deux récurrents, nerfs moteurs du larynx. J'ai déjà évoqué dans maints écrits l'importance de cette asymétrie que je considère comme étant l'inductrice de la latéralité, de ce facteur essentiel de la spéciation humaine.

LA PHASE SYLLABIQUE

Nous voilà donc parvenus au stade où les premières vocalises commencent à être soutenues par un semblant d'intention ; le geste phonique qui les produit se prend à s'éduquer, à devenir précis, mieux exercé, assurément plus habile ; si bien que, après des semaines ou des mois de répétitions obstinées, toute reproduction sera rendue aisée. Mais que d'inlassables roucoulades sur des « areu, areu », que de récidives ludiquement formulées devront être réalisées avant même qu'apparaisse chez le nourrisson la notion de l'exercice à exécuter.

Notre maître en babil sait désormais faire vibrer son environnement aérien, à l'instar de cette résonance connue dans sa vie antérieure et au travers d'une perception naissante, intégrée sous toutes ses formes, à mesure que le permettent les connections synaptiques. L'enfant tient à revivre cet état initial régi par tous ses conditionnements premiers. Il est maintenant apte à s'engager dans la voie qui doit le mener vers le bégayage.

Toujours interprété comme l'avènement soudain d'un « mama » plus ou moins bien prononcé et saisi au vol par l'entourage, ou, plus rarement d'un « pa-pa » ou d'un « ba-ba »... ce nouveau mode idiomatique introduit le troisième stade de la communication. Il est capital, à plusieurs titres. Il institue en effet le dialogue tel que nous l'entendons, c'est-à-dire que des éléments phoniques, imprégnés d'une signification dense, intense et compacte, vont acquérir une valeur sémantique certaine. Constitués de quelques syllabes redoublées, les mêmes d'ailleurs à peu de chose près dans la plupart des points du monde, ils vont, en une remarquable universalité que nous signalons au passage, symboliser le langage à la mère, la véritable langue maternelle. De plus, ce stade s'érige sur une structure d'unités linguistiques dont les couches de clivage ne permettent pas, de prime abord, l'analyse habituelle du discours à laquelle est soumise une langue. Ici, le support essentiel est le discours sous-tendu par la pensée inhérente ; et, pour en comprendre les mécanismes d'articulation, il est indispensable de procéder à l'envers en quelque sorte du processus ordinaire d'examen analytique. En effet, ce sont le discours et la phrase qui se présentent en premier lieu dans un tel langage. Ultérieurement la lettre surviendra mais elle restera un élément relevant d'une méthodologie de spécialiste.

Mais où sont donc les discours et les phrases dont on parle ? Eh bien simplement dans les « mama, dodo, popo »... ou autres. C'est pourquoi j'évoquais par ailleurs la densité significative incluse dans de telles syllabes qui, à vrai dire, ne sont pas des mots suivant le concept habituel, mais des « syntagmes », des phrases en somme pour l'enfant, dans lesquels tout est impliqué : « dodo » par exemple se traduira sur le plan de la pensée par : « j'ai sommeil maman,

il me plairait que tu me mettes au lit pour que je dorme ».
De même « popo » pourra signifier : « Maman, passe-moi
vite le pot car j'ai envie de manière urgente de déféquer et
d'uriner. Je t'en préviens, sans quoi je me verrai dans l'obligation de déposer là mes résidus ; dépêche-toi donc ».

Tout est inclus, en fait, dans ces « mots syntagmatiques »,
tout ce qui constitue la phrase. Mais la structure égotique
de départ, implique d'emblée la présence du sujet forcément
représenté et qui est nécessairement l'agissant au travers
de lui-même et de la mère en lui intégrée ; quant au verbe,
il est implicitement contenu en ce mode d'expression essentiellement dynamisée et qui synthétise tout à la fois le signifiant, à sens multiples et à structure phraséologique, et le
signifié en ce qu'il représente l'acte et son intégration cor-
poréisée.

Dans un temps plus ou moins long, l'intellectualisation de
l'acte en ce qu'il représente de sens conceptuel, laissera s'immiscer en ces vocables la charge affective surajoutée. Celle-
ci révélera à quel point sont imbriquées les multiples dimensions d'un groupe sonore dont la spécificité, en dernière
analyse, est de présenter de multiples facettes sémantiques.
Je me souviens d'un jeune gaillard vociférant, dans ses
grands accès de colère qui le caractérisaient : « Pipi, popo,
caca » ; et là, à bout de souffle, comme ayant tout dit,
rouge de visage et d'allure hérissée, il restait immobile, gon-
flé de son courroux, jusqu'au moment où il décidait, drapé
d'une dignité toute ulcérée, de s'éloigner en trébuchant. Car
l'enfant marche à cet instant, et son combat quotidien pour
acquérir sa verticalité est déjà engagé.

Ce qui est intéressant de retenir en ce troisième stade, est,
comme je l'ai évoqué antérieurement, l'universalité triple-
ment observée dans le langage utilisé par le petit d'homme.
En effet, d'une part, la réalisation de l'acte parlé apparaît
dans la plénitude de sa poussée inductrice ; d'autre part le
glossaire qui s'élabore est identique non seulement dans la
majorité des mots utilisés, mais encore dans leur valeur phraséologique. En troisième lieu, ces mots — phrases — discours », ces « syntagmes infantiles » ont une signification
psychologique considérable, rapidement ressentie par l'en-

fant qui les prononce, alors même que, pour l'adulte, peu de résonances subsistent au travers de ces structures bisyllabiques initiales.

En effet, les « papa », « dodo », « tata », etc. ne veulent plus dire grand chose pour celui qui, depuis si longtemps, sait pénétrer dans chacun des domaines de telles désignations. Mais pour l'enfant qui en fait un usage quotidien, la charge en est considérable. Et les « mama », « papa » que nous prononçons d'une façon bisyllabique identique, est autrement parlant au jeune qui s'en sert. En effet, son « mama » sera « ma←ma » ou « ma→ma », et son « papa » sera « pa→pa » ou « pa→pa » selon qu'il désirera accorder une dominante expressive droite ou gauche à son instrument phonique dont l'utilisation fera apparaître progressivement une ébauche de la latéralité.

Deux intentions commencent dès lors à poindre, qui vont s'individualiser et se distancer à mesure que les charges évoquées affectives et psychologiques vont s'inserrer symboliquement sur l'un et l'autre des deux côtés. Ainsi, chacun des « mots-syntagmes » utilisé va s'emplir d'une potentialité considérable qui ira jusqu'à établir un dialogue interne entre les deux hémicorps. A partir de ce dialogue, vont se conditionner les éléments d'acquisition de l'intégration corticale du psychisme à l'origine des structures linguistiques. En fait, cette progressive architecture s'établit grâce aux propriétés énergisantes du verbe lui-même ou, en termes psychologiques, sous l'impulsion du désir de communiquer.

LA PHASE LINGUISTIQUE

Mais ce langage, aussi dense, aussi intense qu'il soit sémantiquement, offre un inconvénient majeur : celui de n'être pas une langue sociale. Bâti essentiellement à l'adresse de la mère, il devra se transformer pour atteindre « l'autre », l'autrui. Alors, va s'amorcer l'apprentissage de la première langue, de la langue paternelle celle-là, par contraste avec la langue maternelle qui s'arrête au bégayage. Mais ce n'est pas en quelques jours que se réalise un tel apprentissage et c'est ainsi que vont commencer les premiers exercices d'intégration d'un thème verbal imposé, neuroniquement codé. Cette période laissera transparaître le noyau psychologique dans lequel s'inscrit le principe égotique. Ici le « moi veut, moi doit, moi fait » prend une place prépondérante. Puis, tandis que la posture verticale s'élabore et que la dynamique s'assure, la structure de la phrase s'étale du « discours-mot » au « mot-syntagme » comme si le télescopage initial se déroulait et que les éléments de l'analyse ultérieure s'individualisaient progressivement.

Le « je » fait son apparition sur la scène lorsque l'enfant entre dans le champ opérationnel de son cortex, lorsque sa pensée élabore un concept, lorsqu'il se sent capable d'émettre une idée. Il est certes encore tout imprégné de l'ego « moi » initial, et longtemps encore le clivage au sein de ce « moi-je » en « moi » et « je » restera incertain, tant la structure égotique demeure puissamment ancrée.

Et, tandis que se scindent ces deux éléments de l'ego, s'amorce la distanciation entre le « moi concerné » et le « je agissant » ; le glissement du « moi matériel » vers un « moi immatériel », existentiel, bouleverse de façon progressive et étrange l'ordre primitivement établi. L'élément premier, le « moi » abandonne non sans résistance, d'étape en étape, sa prépondérance au « je » essentiel qui prend place de « sujet » tandis que le « moi » si grandiloquent du début devient son « complément ». Dynamique par définition, le « je » induit la raison d'être et imprime le mouvement qu'exprime le « verbe ». Dès que le « je » fait son apparition, tout s'assujettit et se complémentarise. Lorsqu'il s'excentre, l'« alter ego » s'introduit, la grammaire se construit.

C'est ainsi que se constitue cette quatrième phase, celle que le linguiste connaît plus spécialement et qui s'organise suivant les lois de la grammaire. Pourtant, si le langage semble offrir ensuite tout apaisement grâce à la structure sur laquelle il repose, il est toutefois utile de constater que rien ne peut être aussi délicat à reconstruire que les systèmes répondant à l'acte de la parole sur lequel va se greffer un sens. Les éléments qui le composent sont eux-mêmes soumis à des mouvements incessants, rendant arbitraire, instable, changeante cette splendide architecture que l'on aimerait rendre semblable à celle des cristaux, aux arêtes parfaitement individualisées, aux surfaces identiques dans leur forme et leur nombre. Ce serait toutefois aussi peu raisonnable d'espérer un tel résultat que de vouloir bâtir toute la pétrographie sur l'existence de quelques cristaux, rares en quelque sorte et presque exceptionnels en matière de structures : l'ensemble du monde minéral demeure en effet constitué d'un magma plus complexe fait de conglomérats, d'associations, de mélanges ; le langage de même offre à la recherche, sous d'apparentes fixités, la multiplicité de ses formes mouvantes qui ne sont jamais les mêmes d'un instant à l'autre sans être pour autant très différentes de celles du proche passé.

Toutefois, si le langage demeure sémantiquement mouvant et d'apparence changeante en un temps assez court, plus stable semble être la grammaire. Elle n'est pas immuable, loin s'en faut. Il n'est que d'observer au cours de l'histoire les modifications des formes grammaticales. Mais les éléments constitutifs de la représentation linguistique : « sujet-verbe-complément » semblent plus universellement constants. S'ils sont fluctuants, ils ne le sont qu'à une échelle de variation qui nous autorise à entrevoir une certaine fixité.

Le langage se construit donc grammaticalement, c'est-à-dire suivant des lois qui ne sont, en réalité, que des processus neuroniques initialement structurés sur l'ensemble du système nerveux, reflétant au stade primitif les actions et réactions des divers circuits de contrôle. Puis les mises en jeu de *feed-backs* complexes, plus savamment employés, contribuent à l'éveil de la conscience de l'instrument-corps, image verbalisée du langage qui s'élabore, traduite par l'apparition de la notion du sens temporo-spatial et projection extérieure de la latéralité.

Ainsi, la grammaire, faisant appel à la construction de la phrase et à la mise en place de processus relationnels, définit une représentation neurologique appliquée au langage. Elle permet d'énoncer les règles qui verrouillent les éléments verbaux entre eux et les lois qui régissent leur jonction et leurs réactions réciproques. L'intérêt de la connaissance de tels mécanismes est de permettre d'appréhender plus rapidement la conscience de ces modes d'action et de réactions que le système nerveux réalise de toute façon, instinctivement et plus ou moins adroitement. La grammaire met en place non seulement la coulée verbale qui est neuroniquement conduite, mais encore elle définit le cheminement des contrôles de régulations. Elle offre ainsi à la pensée l'organisation exceptionnelle de son système pour que celle-ci puisse s'ordonnancer dans une forme humaine. Elle met à jour le schéma de la machine-instrument qui est à la disposition du *logos* non encore formulé ; elle révèle ainsi le mode d'emploi utilisé en fonction de certains paramètres choisis.

Il ne faut pas se méprendre sur l'adage qui veut que « s'exprime facilement ce qui est clairement conçu », notamment en ce qui concerne le langage écrit. On sait, en effet, combien il est remarquable de constater avec quelle aisance le jeune enfant introduit la structure grammaticale dans son langage oral, dès les premiers développements syntagmatiques. On connaît aussi les misères ultérieures qu'il rencontre lorsqu'il doit transcrire correctement ses dires en des phrases écrites. Des années lui sont souvents fois nécessaires pour asservir ses mécanismes à ce nouveau mode d'expression.

Plus qu'implicitement, l'auteur de cette remarque sur l'écrit clairement exprimé, insiste en le verbalisant, sur le fait que rien ne peut être aisément révélé qui ne soit au préalable grammaticalement formulé ; ce qui nécessite, comme BOILEAU aimait à le dire, que l'on remette la pensée cent fois sur l'ouvrage avant que l'épreuve définitive ne soit réalisée et livrée clairement. Dans de telles perspectives, la pensée se révèle d'autant plus affinée que le cadre offert est richement ciselé. Elle s'étaye alors plus solidement sur des montages d'expressions qui lui assurent tout à la fois l'analyse de ce qu'elle est et la synthèse de ce qu'elle propose.

C'est ce processus analytico-synthétique qui est le propre du langage humain ; il répond justement aux processus neuroniques contrôlés grâce aux *feed-backs* de régulation. Il assujettit à son activité linguistique, d'une part les différents analyseurs et d'autre part les systèmes synthétiseurs corticaux. Ainsi, par ces jeux combinatoires continuellement actifs, tout le parler se constitue : dire, savoir dire, avoir à dire, savoir dire ce que l'on doit dire, sentir ce qui est à dire, dire ce que l'on sent, formuler ce que l'on pressent, pressentir ce que l'on doit dire... Voilà de quoi faire rêver ou tout au moins réfléchir celui qui veut exécuter les divers montages qui doivent le conduire, sinon à la certitude, du moins à la conviction qu'il vaut mieux aller de la pensée au parler, plutôt que de tenter d'atteindre cette dernière par la parole. En effet, la langue devrait servir à écouler la découverte formulée de ce que l'on pressent, tandis qu'elle n'est utilisée, le plus souvent, que pour traduire uniquement ce que l'on sait, ce que l'on a appris. Dans le premier cas, elle est l'instrument verbalisant de l'intuition créatrice ; dans le second, elle demeure un psittacisme élaboré qui peut atteindre un degré d'autant plus élevé — sans être pour autant inventif — qu'il a été bien éduqué, jusqu'à n'être plus qu'une connaissance sans aucun support réflexif. L'un est un Logos encore non exprimé qui prend forme, l'autre est une logorrhée non pensée. L'un est le Verbe qui demande à s'incarner, l'autre une verbalisation qui mériterait, pour prendre vie, d'être dynamisée et rehaussée par une parcelle de créativité.

Mais le langage est avant tout le « signe-pancarte » du lieu évolutif dans lequel vit celui qui l'utilise. Ce « panneau indicatif » répond à la désignation de l'univers psychanalytique dans lequel se déplace son élu. Autrement dit, il ne suffit pas de juger seulement d'un langage sur les critères habituels tels la poésie, la forme, la richesse verbale, etc..., mais bien sur l'espèce de langue évoquée. Les mots seront certes les mêmes dans leur ensemble, mais les charges accolées se révéleront différentes, suivant qu'elles seront plus ou moins entachées d'affectivité, de souvenirs, ou au contraire dépouillées de ces éléments subjectifs afin de se rapprocher de la signification objective du mot, sans que transparaisse en phase extrême, la moindre parcelle de subjectivité.

On comprend ainsi qu'un discours grammaticalement mal conçu puisse être d'une charge psychologique considérable tandis qu'une narration risque de devenir un chef-d'œuvre de construction sans qu'aucune âme y soit incluse. L'association de ces deux systèmes ne va pas sans jouer de leur réciprocité pour augmenter leur efficacité, et s'il est vrai qu'une belle structure grammaticale n'entraîne pas nécessairement un contenu rempli d'intérêt, il n'en reste pas moins vrai qu'une idée riche en potentialité n'a que peu d'impact si elle est mal exprimée. Il vaut mieux certes avoir des idées et les organiser ensuite suivant les préceptes stricts d'une architecture grammaticale aristotélicienne, que d'arriver à la pénurie de contenu dans une boîte bien bâtie, comme le constatait CICERON pour la plupart des auteurs latins qui finissaient, selon lui, par savoir fort bien parler pour ne rien dire.

Ainsi, à n'en pas douter, les deux éléments du contenu et du contenant s'avèrent indispensables lorsqu'il s'agit d'exsuder une pensée sous une forme grammaticalement bien conduite. Ce qui revient à dire qu'une idée exprimée se trouve être structurée parce qu'elle s'appuie sur une architecture neuronique préalablement codée à partir d'un ensemble acoustico-sémantique émanant d'une langue déterminée. L'un et l'autre de ces deux éléments, l'idée et le corps, sont nécessaires. Leurs relations réciproques les acheminent vers une perfectibilité toujours plus grande. Le langage adhère, en phase terminale, à la pensée elle-même à laquelle il s'identifie, tandis que le corps laisse transparaître, en filigrane en quelque sorte, une image verbalisée, support de la notion de son existence et de sa présence.

3

LANGAGE ET
IMAGE DU CORPS

N'est-il pas dit quelque part que tout est illusion ?... Nous
n'en sommes pas loin. Et cependant malgré cette remarque
lancée ici comme une boutade, nous pouvons nous demander
ce que nous sommes en réalité quant à l'image que nous
nous faisons de nous-même. Ce qui me paraît intéressant à
noter ici est la lenteur avec laquelle toute image nouvelle de
nous s'installe dans notre conscience, et combien la superposition de l'idée que nous nous faisons de nous-même a du
mal à cadrer exactement avec ce que nous sommes en chair
et en os. Cette image, on ne peut plus matérielle, que j'évoque ici en annonçant qu'elle est de chair et d'os, subit des
modifications tout au cours d'une existence. Il n'est pas
interdit de penser qu'après la phase où elle obéit essentiellement à des lois liées aux processus de croissance, elle ne soit
largement influencée, voire dirigée, par l'image que nous
nous faisons de nous-même. Nous finissons par modeler

cette chair jusqu'à la sculpter dans une forme définitive qui n'est autre que le reflet de notre état d'esprit, j'allais dire de nos états d'âme ; mais ceux-là sont tellement mobiles, tout au moins au cours de la première moitié de la vie, qu'il n'est guère possible d'en tenir compte pour accorder, sur un tel polymorphisme lié à la croissance, notre image personnelle.

Quittant l'image matérielle et physique qui a motivé chez lui tel ou tel épisode de perfectionnement pendant une partie de sa vie, l'homme sera de plus en plus attiré et affiné par l'exercice de la pensée dont il ne peut minimiser l'importance. Cet exercice lui permettra de raccorder son image corporelle à cette image idéale qu'il aimerait posséder ; et ce d'autant plus qu'il restera subconsciemment persuadé que, plus cette convergence corps-pensée viendra à se réaliser, plus il sera aisé pour chacune de ces deux parties de se servir de l'autre afin d'activer le perfectionnement. Ce qu'il faudrait en vérité, c'est que l'homme ne soit que pensée jusqu'au dernier atome et que tout en lui devienne conscience.

Certes, il s'agit là d'une vision optimiste et idéaliste, d'un cheminement qui, de fait, ne nous paraît essentiellement difficile que parce que l'éducation ne sait pas ou sait mal nous y conduire. Si bien que ce qui devrait être un processus absolument logique, celui de l'homme entrant dans la plénitude de sa conscience — qui n'est autre que sa définition réelle — devient une anormalité ou le fait d'exception, ou la conséquence d'une ascèse ou d'un sacrifice. Sait-on ce que veulent dire l'un et l'autre de ces deux termes ? Le premier est là pour nous signifier simplement de changer d'habitudes, donc de perdre les mémoires de nos conditionnements premiers. Le second signifie avant tout qu'il s'agit de « faire sacré » et non pas de se priver, de se mutiler, de se couper un membre ou la tête pour le bonheur d'autrui.

Mais avant que ne s'installent ascèse et sacrifice, le cheminement sera jonché des différentes étapes que l'image du corps, que la conscience du corps, devront traverser tout au long de l'existence. D'abord identique à ce moi corporel qu'éveille le toucher, l'image révélée au nourrisson par les sensations proprioceptives enregistreuses de son image musculaire et viscérale, sera, durant plusieurs mois, la seule liée à la notion du moi-objet. Elle trouvera ensuite quelque prolongement grâce à la vision qui saura établir les limites de l'univers objet dans lequel évolue le nourrisson. Ce monde des habitudes d'objet à objet, de personne à objet, de personne à personne, puis de personne à personnalité, enfin de personnalité à personnalité, grandira à mesure que la dimension « langage » s'introduira. Mais cette dernière, pendant longtemps, ne saura que verbaliser ce qu'auront su collecter le toucher, le goût, l'odorat et enfin la vision ; si bien que le langage, dont l'écoute sera pendant un certain temps mise au service de l'étiquetage de tout cet acquis, demeurera en quelque sorte immobilisé à ce stade, jusqu'au moment où, de l'imagerie phantasmatique sensorielle et viscéralement vécue, se dégagera le concept plongeant l'Etre dans le monde des idées, et du monde des idées dans l'univers de la pensée. L'image-objet du corps implanté là au centre d'un monde que l'enfant désire s'accaparer, devient alors l'instrument d'une pensée qu'il voudra à toutes fins, rendre universelle.

*
* *

Ainsi notre Etre, pris dans son essence même, se construit à partir de l'œuf. Ce n'est que dans un utopique concept terminal qu'il pourra déambuler à l'état de pur esprit. En attendant et, depuis le début jusqu'à la fin de sa course, nous le verrons s'introduire dans un corps, sorte de scaphandre, de carapace peut-être, souvent inconfortable, d'un maniement difficile, se modifiant sans cesse et doté de curieuses réactions. Cette enveloppe ne sera pas utilisée par lui en tant que simple structure anatomique répondant à des processus physiologiques, mais en tant qu'instrument de la pensée. Il est de coutume, en langage psychologique, d'appeler « Image du Corps » l'image que l'être se fait de cet instrument.

Langage et image du corps : il semble illusoire de penser qu'il ne puisse y avoir superposition de l'une et l'autre de ces deux structures. Elles sont et doivent être basées sur le même principe, encore que l'une, la première, soit l'essence même d'où procède la seconde, en fonction des possibilités qu'offre le corps humain, véritable instrument de l'expression. Le langage en est le résultat. Il est cet exsudat verbal, du moins en sa plus grande partie, qui permet à l'Etre de se révéler, comme si le corps humain, dans sa forme la mieux utilisée, permettait au Cosmos de s'exprimer. Les difficultés viennent du fait que cette exceptionnelle boîte à musique qu'est l'homme, se prend parfois à vouloir jouer seule jusqu'à oublier sa mission initiale ; le langage dès lors ne sort plus que d'un moulin à paroles sans résonance avec les modulations de l'âme et devient ainsi l'unique expression des viscères.

Dans l'usage que chacun sait faire de son corps dont il peut jouer avec une extrême virtuosité, nul doute que bien des inconnus subsistent. Ils continuent de préoccuper les hommes jusqu'à leur faire rejeter le problème, sous prétexte qu'il est insoluble, et nier, dans une paradoxale attitude, les solutions qui se proposent à eux par l'usage même qu'ils font de leur corps pour parler. Et ceci se réalise journellement, depuis des millénaires.

LE CORPS INSTRUMENT

Pour parler, il faut que l'Etre, ce devenir en puissance, cette implacable volonté d'accéder à la connaissance d'une vérité, se mette à vouloir utiliser le corps à des fins de communications. Pour que la parole émerge sur le plan humain, il faut que la pensée s'incarne, qu'elle habite le corps, qu'elle devienne la pensée verbalisée ou verbe humain, émanation directe du Logos, de ce Logos qui s'offre en une image limpide et cristalline de la pensée non encore enchaînée dans sa condition humaine. La réalisation de la fonction parlée ira jusqu'à l'expression d'où se dégageront tous les symboles de l'humanité.

La difficulté pour jouer du corps humain, pour s'en servir jusque dans la parole, réside dans le fait qu'il faut apprendre à le connaître, à le fabriquer en quelque sorte. L'homme est à la fois le luthier, le fabricant de son instrument et aussi le virtuose. Pour renforcer cette notion de corps-instrument de la pensée, l'on peut aisément utiliser ici une analogie avec un instrument de musique. Connaître les composants de cet instrument, les éléments qui le constituent, savoir dans les moindres détails de quel bois il est bâti, de quel vernis il est couvert, de quelles cordes il est muni pour déterminer sa mise en résonance, est une chose ; connaître sa forme, son volume, ses qualités sonores, ses caractéristiques acoustiques, est une autre chose ; enfin, découvrir son maniement pour en libérer les accords dont il est capable d'entretenir l'harmonieuse association vibratoire est un troisième aspect du problème. Cependant, toutes ces notions évoquées, superposées, associées, ne donneront jamais la possibilité de savoir en jouer. Il n'y a pas d'instrument en fait qui se soit pris à vouloir jouer de lui-même. Mais la recherche d'un tel instrument, la volonté de le construire après des millénaires de tâtonnements, sont nées d'une aspiration profonde du luthier vers une résonance interne qui l'a conduit à la création de l'instrument proprement dit. Et cette création est née de l'idée que l'Etre s'est faite de l'utilité de l'instrument, ce qui a impliqué bien sûr l'existence de l'Etre puisque, de lui seul, surgit toute création humaine.

L'homme fait de son corps un prolongement de la pensée, pour en extraire l'expression humaine de la conscience. Tout se passe comme si cette dernière ayant son expression propre, indépendante de ce corps, faisait jaillir des accents différents selon l'instrument et l'artiste qui en joue. Le polymorphisme humain suffit, à lui seul, à faire entrevoir la multiplicité des moyens d'extériorisation de la pensée. Si la pensée est une, sa traduction humaine par contre, fuse de toutes parts de l'immense kaléidoscope qu'est l'humanité, dont la totalité des réponses rejoint la pensée universelle dans son absolu.

La notion de l'image du corps est donc indispensable à l'homme pour qu'il puisse jouer de son instrument à des fins de communication ; mais ce n'est pas d'une image picturale ou photographique dont il a essentiellement besoin, bien que celle-ci lui soit déjà difficile à saisir. Qui peut en effet, d'un trait de crayon, dessiner son profil, comme le ferait le dessinateur virtuose en son genre ? Qui sait, après de nombreuses années de vie avec lui-même, définir les limites de son corps ? Qui serait capable de donner maints détails sur son dos ? La réalisation d'une pareille étude de soi peut cependant amener l'Etre à prendre conscience d'une certaine image, d'un certain volume mis à sa disposition. Mais ce qui devient intéressant, c'est lorsque cet ensemble corporel se met à dialoguer avec un objet, un ballon par exemple. L'image et la notion que le joueur aura de ses pieds iront jusqu'à lui indiquer comment il faut toucher l'objet, quel effet il y a lieu de lui donner, quelle pression de shoot, quelle impulsion d'envoi il lui faut accorder, bref mille détails qui feront du spécialiste du ballon un « dialogueur » idéal entre le pied et l'objet, un virtuose dans l'exécution d'un jeu dont la structure, pour délicate qu'elle soit, reste de toutes façons beaucoup moins complexe que celle engagée dans le dialogue de l'homme avec la pensée.

Certains sports ou certaines techniques vont jusqu'à devenir un prolongement du corps, tels par exemple le tennis, la pelote basque, le billard. Le dialogue entre le corps et la balle ou entre le corps et la boule détermine une connaissance approfondie de la posture, dans une perspective d'approche destinée à mobiliser l'intelligence en vue de jouer avec l'objet. Il s'agit alors de connaître à fond les propriétés cinétiques d'un corps et d'en exploiter toutes les possibilités, pour satisfaire au mieux les exigences d'une règle imposée. Ces apprentissages font appel au génie humain pour l'établissement des règles d'une part et pour leur observance d'autre part, en fonction de l'image du corps face à l'objet.

Le langage va plus loin, considérablement plus loin on s'en doute, et l'usage du corps qu'il exploite est tout autre, allant jusqu'à faire dévier certaines fonctions de leur destination première, comme c'est le cas pour la respiration et la mastication : deux fonctions éminemment vitales que la pensée accapare, pour signifier peut-être déjà l'importance de son rôle. Elle révèle par là qu'elle est au moins aussi capitale que la respiration, qu'elle a su mettre à son service jusqu'à l'asservir totalement à des fins acoustiques, et aussi essentielle que la nutrition, par la manne spirituelle et intellectuelle qu'elle fournit à l'être en permanence. Peut-être est-ce aussi pour elle une initiale démarche qui lui permet de s'accaparer du corps afin de révéler à celui-ci les dimensions de l'Etre. Pour l'expression de cet Etre, pour lui seul, tout souffle sera exploité, entraînant ainsi un déracinement psychanalytique de l'être fœtal, démuni de toute ampliation pulmonaire pendant sa vie intra-utérine. Le langage nécessite obligatoirement une expiration contrôlée qui, par son jeu permanent, déconditionne du processus fœtal de non-respiration, demeuré souventes fois inconsciemment présent et souhaité. Quant à la fonction nutritive si terriblement ancrée, elle tiendra l'homme sous sa dépendance jusqu'à en faire l'artiste du tube digestif. Elle sera la source de toutes les reviviscences ombilicales qui auront tôt fait, hélas, de devenir la seule raison de vie, alors même qu'elles devraient s'effacer et prendre la seconde place devant l'usage nouveau que doit faire l'homme de ces attributs anciens, en vue de satisfaire sa vie de relation.

Tout se passe en réalité comme si, sur un animal particulièrement perfectionné, sur une anatomie spécialement bien établie, des modifications posturales avaient été imposées par quelque induction difficile à déterminer, et comme si, sous l'impulsion de ces mêmes forces, des déviations de fonctions avaient permis d'utiliser cet animal-homme à des fins d'humanisation.

L'image du Moi qui s'insinue dans chaque homme, si différente d'un être à l'autre, constitue l'un des éléments essentiels de toute la mythologie. Suivant que l'homme s'octroie la force ou l'esprit, on le verra s'attribuer tous les symboles qui, dans son imagination, voudront évoquer l'une ou l'autre de ces deux entités. Il est habituel de penser que les Anciens étaient initialement attachés à la représentation animale de l'être ; ce n'est pas au niveau d'une inexpérience picturale qu'il faut à mon avis interpréter leur refus de représentation humaine, mais dans la notion sans doute bien élaborée qu'ils avaient de la valeur symbolique des forces inhérentes à ce schéma corporel, à cette image psychologique du corps qu'ils savaient dépister. Ne refusaient-ils pas d'aborder l'homme sous ses traits humains, par crainte de lui accorder cette représentation divine qu'ils respectaient et qu'ils ne pouvaient approcher sans s'engager dans un narcissisme sacrilège ? Certes, personne aujourd'hui n'oserait se prendre pour l'aigle ou le lion, tandis que jadis cette image du soi était communément employée ; la caractérologie de ces temps-là savait s'exprimer en autant de schémas individuels à représentation symbolique, qui firent le bestiaire des divinités passées.

L'image du corps s'élabore en fonction de ce que le langage exige de ce corps, c'est-à-dire de l'usage que l'homme va en faire dans son désir de parler. Cette notion porte déjà également en elle, dans sa potentialité, l'image du Soi en son devenir. Elle correspond à ce que l'homme ressent en lui-même dans sa puissance dynamique, et les accents qui en sortiront dépendront de tel ou tel mécanisme qu'il mettra en exploitation. L'impression qui se développe en lui devient celle que tracent, dans leur profil, les neurones qui seront tout spécialement mis en cause. C'est en employant plus particulièrement telle partie de son corps que l'homme façonnera son image, suivant le concept qu'il a de lui-même. Une notion fonctionnelle de ce qu'il est, mieux encore une impression psychologique, s'en dégagera désormais. C'est donc une représentation neurologique qui s'élaborera en chaque être, en fonction de ses aspirations. Aussi cet élément symbolique subira-t-il de multiples variations au cours même de la vie, à mesure que des changements surviendront sur le plan du devenir.

LA SCULPTURE SONIQUE

Je disais que le langage contribuait largement à la structuration de cette virtuelle image, objet impalpable du psychisme. Mais comment peut-il éveiller et faire surgir cette image du corps ? De multiples façons, toutes se rapportant à l'oreille, à l'oreille bien entendu ! Si étonnante que semble cette affirmation, je la considère comme une réalité. Le son que nous lâchons est, on le sait maintenant [1], un son contrôlé. Il n'est, de plus, réalisé et réalisable que parce que l'air environnant est excitable dans certaines limites que nous savons utiliser. Le fait de parler transforme donc acoustiquement l'air environnant, lui donnant ainsi une dimension physique complémentaire qui se caractérise, en définitive, par une rupture

---

(1) L'Oreille et le Langage, A. Tomatis. Ed. du Seuil, Paris, 1963.

de l'apparent équilibre qui siège dans l'ensemble du territoire environnant. L'impuls sonore aura d'autant plus de chance d'être moins amorti qu'il se rapprochera du mouvement brownien sous-jacent, témoin de l'intense activité atomique et moléculaire, non perceptible, acoustiquement infra-liminaire, par nos sens mais non moins existante.

Changer les caractéristiques soniques de l'air environnant, c'est modifier les stimulations de contact avec le corps, lequel, par son jeu de pressions permanentes, permet d'intégrer une image, grâce aux imprégnations incessantes de l'inconscient au niveau des sensations proprioceptives. La voix et le langage, par l'ébranlement acoustique qu'ils provoquent, transforment le bain aérien environnant. Des boucles de contrôle vont alors s'établir et siéger à l'intérieur de circuits ayant même origine : l'oreille et la peau. L'oreille vérifie l'intensité et la valeur harmonique du son ; le corps ne reste pas non plus indifférent : il tend à offrir, pour sa part, les surfaces cutanées les plus perceptives, les plus aptes à collecter les informations que le bain acoustique aérien va rendre vivantes. Seront donc ainsi offertes à l'écoute les parties telles que la peau du visage, celle du tronc, du ventre et du bas du ventre en sa partie inférieure, c'est-à-dire les zones riches en fibres sensorielles. De plus, la verticalité rendue obligatoire se réalise grâce à l'intervention de la branche vestibulaire de l'appareil auditif qui comprend les éléments de contrôle de toutes les racines antérieures de la moelle, celles destinées à l'innervation des différents groupes musculaires du corps humain, fortement impliqués dans la verticalité.

Tous les sons ne sont pas favorables à la genèse de la conscience de l'image de l'être ; les sons aigus sont les plus adaptés en la circonstance. La rectitude corporelle, elle aussi, bénéficie de ces sons qui éveillent les forces sensorielles proprioceptives internes, dans le thorax, le pharynx, l'oro et le naso-pharynx, le squelette..., etc., autant d'éléments qui feront à eux seuls l'objet d'une étude tant leur intérêt me paraît considérable. Toujours est-il que cette prise en masse du corps par le langage dépend, dans une certaine mesure, de la qualité de ce langage. Une langue vulgaire notamment ne saura pas induire le corps vers une conscience parfaitement élaborée de son image.

C'est le langage donc, et lui seul, qui parvient par la subtilité de son jeu à faire découvrir cette sculpture, soutenue par un psychisme dont la puissance inductrice peut aller jusqu'à modeler la représentation elle-même. Tout au long des étapes changeantes d'une vie toujours mouvante, le Moi se modifie en fonction de l'image que le Soi lui impose. Ce qui peut se traduire en d'autres termes de la manière suivante : la structure matérielle qui s'élabore, se modèle sous les inductions du psychisme, tout comme si le monde viscéral se modifiait en fonction de la spiritualité. Nous retrouvons ici le même sentiment de progression, qui ne veut soulever aucune dualité ; il n'y a pas opposition de deux pôles, non plus qu'il existe deux pôles d'attraction. Il y a semble-t-il une marche de l'un vers l'autre, comme la réalisation évolutive d'un devenir qui, d'un stade à l'autre, permet d'atteindre perfectibilité et harmonisation en vue d'intégrer l'Etre dans un univers où tout est harmonie.

Ainsi le corps, instrument du langage par excellence, est avant tout l'instrument de la pensée. C'est par l'usage de la parole que la pensée modèle ce corps à son goût, et c'est vers cette façon de concevoir le schéma corporel que nous devons tendre ou nous laisser guider, pour n'être plus un jour que pensée, réalisée silencieusement dans la chair elle-même. S'agit-il dès lors d'envisager une ascèse ? Je ne le pense pas entièrement. Il est certain que, pour ceux qui veulent atteindre le but plus rapidement, un régime d'exception doit leur faire adopter un ensemble de règles différentes de celles habituelles de l'existence, d'où leur caractère d'exception. Cependant, je reste persuadé que le nombre grandissant de ceux qui empruntent de telles trajectoires finira par transformer, au fil des siècles bien entendu, ces règles d'allure ascétique en un comportement normal. L'homme sera alors empli essentiellement des résonances de la conscience, à l'exclusion de tous autres sentiments entachés des intégrations trompeuses des sens. C'est cette dé-viscéralisation, cet éloignement de la matière, qu'il faudra chercher à atteindre et non pas l'intellectualisation de la viscéralité.

L'EGO

L'erreur d'intention qui semble justement se profiler à l'intérieur de certaines techniques d'ordre psychothérapeutique vient, à mon avis, de l'importance donnée à l'ego. Or, il convient de discerner ce que l'on peut entrevoir dans la charge sémantique de cette particule incluse dans chacun des êtres. L'ego, par son caractère subtil et dynamique, parvient à se révéler en chaque individu par des touches impalpables, permanentes, répétées, issues d'informations émanant de tel ou tel organe, jusqu'à s'identifier suivant le moment à une partie du corps ou à une autre. Ainsi pendant la vie fœtale, l'ego sera essentiellement suspendu au cordon ombilical et à sa continuation organique, laquelle, en fonction des premières empreintes neuroniques vagales, enregistrera les réponses de cet être naissant. Aussi l'ego, bloqué sur l'ombilic d'un être qui, on s'en souvient, arrive à croire par réaction inverse qu'il donne à l'autre ce qu'il reçoit en réalité, se prend à germer sur ce terrain propice à amplifier la notion d'autonomie, d'égocentrisme.

La vanité d'un tel concept, doublée de la certitude de l'irréalité d'une telle structure, sera la source même de l'insécurité sur laquelle va se greffer l'incertitude de l'existence. Et dès lors l'ego, outre l'infinie multiplicité de sa représentation qui reste fonction de chaque être et de chaque instant de l'existence, présentera sans cesse deux faces. L'une insufflera la vie organique et l'autre deviendra une simple réaction de la première, se montrant incapable d'en saisir la subtile présence et persuadée d'être la génératrice de cette vie ou, pour le moins, de la posséder. Tout comme si un atome se prenait à croire qu'il est à l'origine même de l'énergie qu'il déploie, ce que parvient souvent à lui accorder le physicien qui s'en préoccupe. L'être humain fait de même ; soucieux essentiellement de connaître l'importance de ses possibilités dans tous les domaines, il devient oublieux des sources mêmes qui lui confèrent ses énergies. Et lorsqu'il parvient enfin à en prendre conscience, lorsqu'il entrevoit ce qu'il est, il cherche alors désespérément à reculer les limites de son champ d'investigation, tant il a peur de ne plus être.

L'ego, durant une existence, subit des modifications incessantes ; ses dimensions grandissent ou diminuent, s'étalent ou rétrécissent, cependant que les deux faces, reflet d'une interprétation première, éclairent ou obscurcissent tour à tour le chemin à parcourir. L'ambivalence, sans cesse ressentie et non interprétée de l'ego initial, qui finit par émerger hors de l'Etre et que nous dénommerons pour l'instant ego-énergie, clive en deux appartenances distinctes les rayons réfléchis, leur accordant autonomie et indépendance. L'homme ignorera désormais qu'il s'agit en réalité de faisceaux renvoyés par le miroir qu'il est, et fera de ces images virtuelles la source même du rayonnement initial.

L'ego-énergie se partage en un ego ou moi corporel physique et un ego qui se prend à penser. Cette dychotomie, déjà irréelle en soi, fait se cristalliser à chaque instant la notion de l'inconfort que sous-tend l'angoisse d'être deux, un corps et un esprit, un « Moi » et un « Je », un objet et un sujet, une inertie et une volonté. La résistance qu'oppose l'homme à l'idée de rencontrer l'unicité dans une même source, origine à la fois de la matière et de l'esprit, est absolument étonnante. Si bien que des générations et des générations d'hommes essaieront d'expliquer la prédominance de l'un des systèmes sur l'autre. Elles feront ainsi s'installer en l'Etre lui-même un dialogue entre les deux parties individualisées, dialogue d'autant plus incompréhensible en soi que les interprétations accordées à chacune des deux parties de l'Etre seront fondées sur des bases erronées. L'une et l'autre de ces deux parties revendiqueront leur prédominance ; et sur celle-ci la mécanique mentale construira des théories, des règles, chacune défendant, dans un ego qui devient le sien, la structure psychologique, morale et sociale qui découle du choix de l'importance accordée à l'une ou à l'autre des deux faces de l'ego-énergie initial. Ce serait encore possible si chacun des ego n'était pas de surcroît, enserré dans l'étau des pressions extérieures parentales, familiales, scolaires, sociales, culturelles et religieuses, largement imprégnées des mêmes interprétations de la non-unicité de l'Etre.

Cet ego-énergie, qui n'est autre que la Vie elle-même dans sa réalité biologique, se révèle par une conscience qui, dans son état absolu, reste dépouillée de toute projection. A l'extrême, la possibilité de réaliser l'Etre et de le voir s'intégrer en sa totalité, exigerait un ego devenu conscience totale, cette dernière entraînant la non-superposition d'aucune des projections qui enferrent l'homme en sa destinée. Est-il besoin de signaler combien il paraît illusoire de vouloir accéder à un tel niveau de libération. Les attaches psychanalytiques — les amarres comme il me plaît souvent à dire — sont encore, pour la génération actuelle, bien solidairement soudées au passé lointain et récent à la fois, de la vie utérine.

Déterminé, dans sa façon d'exister, par la nécessité de prendre ou de donner, interprétation de son mode de vivre la relation initiale, l'homme fera de cette habitude de base, le support fondamental de sa communication ultérieure. Il ne pourra plus concevoir la vie en commun avec autrui, avec l'environnement vivant et physique, sans que la notion de prendre et de donner ne soit intégrée. Ainsi tout dialogue déviera malheureusement vers le moyen d'échange et de commerce, suscité par la nécessité d'exécuter l'acte de don ou de possession. Par le jeu des interpénétrations de ces champs relationnels initiaux, variables mais restreints dans leur laxité tensionnelle, peu d'échanges véritables seront rendus possibles par la suite.

La science de la psychologie qui a pour but de promouvoir cet état d'équilibre relationnel destiné à détacher l'Etre de ses contraintes initiales, rejoint en cela les techniques qui, de tous temps, furent utilisées pour désinsérer l'être de ses habitudes, de ses souffrances morales et physiques. Elles se sont souvent perpétuées sous forme de disciplines ascétiques que les mécanismes humains ont eu tôt fait de rendre abusives, contraignantes, tyranniques pour ceux qui les pratiquent et qui se voient orientés vers une totale mortification. Cette déviation est sans aucun doute liée à ce même mécanisme fœtalement imprégné de l'incompréhension relative à l'insertion de l'Etre en son milieu. Sur ce malentendu va se construire la dualité entre l'ego virtuel, reflet de cet ego réfléchi et l'ego-énergie dont nous avons parlé. L'un des deux ego dominera l'autre jusqu'à le tyranniser ; il sera l'ampliation d'un ego utérin, embryon et père du « moi », qui voudra subsister avec acharnement, caché à jamais sous ses enveloppes amniotiques. Grâce à ce drapé somptueux, faussement sécurisant, le voile sera jeté qui cachera définitivement à l'homme les splendeurs cosmiques, le laissant ombilicalement et viscéralement amarré aux vicissitudes de l'existence quotidienne. Tout se passe, dans de telles circonstances, comme si l'homme vivait sa vie antérieure défunte sans participer au moment présent, et comme s'il traversait son existence dans un total non-être.

L'éducation psychanalytique qui tend à dépouiller le psychisme de toutes les empreintes conditionnant les impulsions neuro-végétatives tenues sous l'emprise de l'innervation pneumogastrique, doit viser à démonter les mécanismes de l'Etre, en ses relations d'intelligence qu'il entretient avec le corps humain et non pas, comme d'aucuns le prétendent, à mettre en exergue ce que le corps impose à l'Etre en son aveugle ignorance. Ce que cette technique espère atteindre, c'est de voir l'Etre se créer tandis que s'efface le non-être ; c'est de faire s'immiscer dans le corps le jeu de l'image psychologique de celui-ci, qui se trouvera ainsi modelé, modifié et entraîné vers une forme idéale. Il semble qu'il y ait alors une recherche des meilleures attitudes, des postures les plus adéquates, qui vont à la rencontre de ce que l'homme tente de retrouver dans l'image que lui laisse entrevoir son miroir psychologique.

Le langage nous semble le moyen le plus efficace pour que se structure cette image corporelle. On se souvient en effet que, pour être bien conduit, il doit apprendre à jouer du nerf pneumogastrique, corde principale d'où jaillissent les accords mais qui reste imprégnée, entachée d'impressions premières, dangereuses. De plus, le langage implique un contrôle dont les régulations de haute qualité exigent une structure cybernétiquement fonctionnelle parvenant à réaliser la liaison de maints organes dont les destinations premières n'ont rien de commun avec l'usage que l'acte parlé sait en faire.

En fonction de la qualité du langage choisi, dans laquelle s'inscrivent les caractères des mots, leur précision, leur valeur sémantique, leurs nuances, leurs sonorités, leurs critères acoustiques, les intonations, les inflexions, le rythme utilisé, tout ce qui représente en fait une lingualité, on peut reconnaître le jeu de tel ou tel étage viscéral ou bien l'absence, par non réponse conditionnée, des enchaînements associatifs que devrait éveiller l'excitation de ces zones. Il existe des résonances plus spécifiques que d'autres pour exprimer plus intensément telle ou telle pensée ; elles répondent à la mise en œuvre de certaines évocations affectives qui, par l'intermédiaire de toutes les caractéristiques verbales précitées, savent mettre en jeu l'aire neuronique intéressée.

Peu à peu, à mesure que le langage s'élabore et que les sensations proprioceptives et cinesthésiques structurent la conscience du corps parlant, les phonèmes lâchés et contrôlés vont mettre en vibration, en excitation, l'air environnant, instrument sonique par excellence de l'information orale. Ainsi que nous l'avons signalé au début de ce chapitre, les pressions acoustiques suscitées par le verbe lui-même développeront alors sur le corps de véritables coulées dont la progression sera contrôlée sous forme d'ondes de pression, par les détecteurs cutanés.

L'usage répété de ces explorations apparemment aveugles fera s'ébaucher une structure identique dans la posture finale à celle rencontrée chez les virtuoses de l'expression de la pensée. Ce qui est intéressant et aussi, dans un sens, fort encourageant, est de voir combien toutes ces techniques qui sont les résultats d'un long apprentissage, aboutissent à des schémas semblables. Sans doute les jeux des grands virtuoses se distinguent-ils entre eux par des éléments de technique personnelle, mais ils n'offrent pas en réalité de différences aussi radicales que celles rencontrées chez les débutants par exemple. Il en est de même en ce qui concerne le langage et les grandes techniques de chant. Lorsque celles-ci sont valables, elles restent largement basées sur la fonction respiratoire, articulatoire et sur le contrôle auditif. Aussi, à quelques détails près, les conditions du bien parler ou du bien chanter peuvent-elles être groupées et prendre comme support un même schéma corporel, identique dans les grandes lignes pour tous les individus. Elles représentent les coordonnées sur lesquelles s'élaborent la notion de verticalité, la dominance de la partie supérieure du corps, sus-ombilicale, par ampliation thoracique auxquelles vient s'ajouter une prise de conscience de l'importance de la dominance droite ou tout au moins la notion de la différenciation de l'image des deux hémicorps. Il est à rappeler que c'est à ce moment qu'apparaissent les modifications vocales qui rendent le langage modulé, riche en timbre, aisément contrôlé, correctement rythmé, solidement structuré.

L'image du corps qui parle semble, au travers de ces mécanismes, prendre dès lors l'aspect d'une pyramide à sommet inférieur et à base supérieure. Mais, avant de parvenir à ce schéma particulièrement épuré, abstrait, et lié à la connaissance du soi, l'homme réalise toute une série de représentations qui constituent l'album de l'évolution de son Moi corporel, dans lequel peuvent aisément se retrouver les étapes qui ont permis à l'être un tel développement, grâce à la modification sensible de certains traits posturaux.

L'IMAGE DU SOI

L'image du Soi sera ainsi l'aboutissement de l'évolution de l'homme dans son cheminement ascensionnel. La verticalité qui semble être le point le plus frappant de cette démarche révèle déjà l'aspiration et l'immense tropisme qui mènent l'homme vers les sphères élevées de l'esprit ou qui peut-être le dirigent simplement vers une lutte contre le champ anti-gravitationnel. On se souvient qu'Aristote aimait à dire que chez l'homme le « haut et le bas sont disposés conformément au haut et au bas de l'univers. Le devant et le derrière, la droite et la gauche ont la même disposition conforme à la nature. Chez les autres animaux, cette disposition ou bien ne se retrouve pas ou, si elle se retrouve, c'est d'une manière plutôt confuse ».

Cette envolée n'est pas toujours aussi profondément ressentie et il est bien rare que l'identification de l'être à lui-même lui fasse éprouver intensément ce que voulait signifier Aristote lorsqu'il disait que « L'homme est le seul qui, une fois pleinement achevé, ait cette partie en haut en rapport avec l'axe du monde ». A vrai dire, l'homme qui plonge de son chef dans l'immensité de l'univers, reste un sujet rare, et il est plus fréquent de le voir brancher son antenne cérébrale sur des ondes de portée beaucoup plus courtes, en se souciant peu d'aller aux confins du Cosmos chercher les modulations qui lui doivent révéler la notion d'être. Préoccupé essentiellement d'intégrer les informations qui lui viennent du bas, de lui-même en tant que corps physique, il se met à les intellectualiser. Perdant la notion de sa communion avec le tout, il procède à l'inverse : il accorde une valeur de fait aux actes qu'il vit, et il accumule, sur une mémorisation rapidement saturée, les reviviscences à peine modifiées d'un ensemble d'actes toujours identiques, déterminant dans leur répétition un certain modèle de comportement. L'incompréhension qu'il a de son insertion à l'environnement le condamne, par la faible portée de sa réceptivité, à ne plus saisir la raison même de son existence. Il reste enfermé dans une vie sans issue, désespérément morte, semblable à une infinité de vies inexpliquées. L'ingéniosité de l'intellect agrémente parfois cette coulée de temps, dénuée de signification, par quelques montages faits de plaisirs morbides, viscéraux, sans aucune relation d'ailleurs avec la réalité.

L'image que peut avoir tout individu à l'égard de lui-même dépend, on le conçoit, des différentes attributions qu'il accorde à son corps et à son esprit. Les thèmes de toute symbolique picturale de l'homme retrouvent, en ces comportements, les reflets des aspirations du moment, de l'époque. Depuis la représentation animale jusqu'à l'abstraction, en passant par l'imagerie humaine, chaque trait a voulu enfermer en son dessin la représentation des luttes internes de chaque être, soit du représenté, soit du représentant, du signifié et du signifiant, en quelque sorte.

Le corps humain est ou devrait être harmonie fonctionnelle. Lorsqu'il y a déviation morbide au sein de cette harmonie, tout se passe comme s'il existait des discordances de fond laissant s'élaborer des anarchies, des désordres internes, causes des mécanismes pathologiques ; comme si, dans cette démarche ascensionnelle, difficile certes, tous les éléments de la structure de l'être ne parvenaient pas à suivre cette progression avec le même enthousiasme, la même ferveur, la même dévotion. En fonction des degrés de compréhension, certaines dissonances risquent de se faire entendre dans cet immense orchestre cellulaire qu'est le corps humain.

Quelques-uns des éléments constitutifs de celui-ci vont écouter sagement les informations transcendantes que la pensée leur infuse ; d'autres par contre resteront enferrés dans leurs premiers conditionnements ; certains enfin demeureront tiraillés à hue et à dia, ne sachant pour quelle tendance opter. Il en est du monde cellulaire comme il en est du groupe humain, et le pathologique doit son existence à la dysharmonie qui surgit dans le corps par l'absence de dialogue entre les différents éléments qui le constituent et qui s'élaborent à partir des tendances tempéramentales déjà préexistantes.

L'homme se comporte le plus souvent par son aveuglement constant, comme un hors-la-loi de la nature, confiné dans l'univers vicié du pathologique. Il oublie désormais que son rôle est d'être un traducteur conscient de l'univers réel. Il ne sait plus qu'il est là pour transformer une énergie cosmique, avec tout ce que cette énergie comporte de transcendance, d'imbrication avec la chair, de transmission de vie, de rayonnements multiples, qui viennent de toutes parts, en tous sens ; il demeure isolé dans le pauvre réduit d'un contour cutané que savent faire vibrer quelques excitations sexuelles ou que peuvent remplir quelques ingestions excessives. De temps en temps, il peut lui être offert un semblant d'envolée, libérant pour un moment le corps de ses liens viscéraux, à l'aide d'une semi-narcose somatique — comme le réalisent la drogue, le stupéfiant — qui « stupéfie » le corps pour laisser entrevoir l'âme, bien confusément il est vrai ; mais le tribut d'un tel voyage coûte la vie de la chair jusqu'à la réduire à son inutilité. Alors qu'il suffirait à l'homme de changer la polarité de ses aspirations et de les excentrer. Point ne serait besoin de s'adonner dès lors à un stupéfiant pour s'enfoncer dans la splendeur de la communication de l'Etre avec l'univers, et sentir en soi ce processus ascensionnel, sorte de lévitation dont la verticalité permet la réalisation.

Toutes les espèces à cortex déjà fortement élaboré mais profondément enferrées dans leur viscéralité, tels les grands anthropoïdes, voient leur devenir se diriger dans une voie sans issue puisque bâtie sur des actes régressifs. L'exaspération de la sexualité s'éloigne en tous points de l'acte de la reproduction, de même que tout raffinement culinaire dépasse largement les seuls besoins de satisfaire l'instrument corporel, temple de la pensée. Ces déviations caractéristiques ont de tous temps conduit l'homme dans un cheminement où il s'est fourvoyé, s'engageant dans la voie de la décadence, dans une impasse sans espoir, sans lumière.

L'homme devient, par son imagination, identique à la pensée qui l'habite ou plus exactement à l'interprétation qu'il fait de cette pensée. Ultérieurement, avec les années, avec le temps, il finit par se modeler sur cette traduction de l'esprit qui le pénètre jusqu'à n'être plus que cette partie de lui-même qui se met à vibrer, à devenir dominante. L'idéal serait qu'aucune d'entre ces parties ne devienne réellement dominante, que chacune assure sa fonction à l'égard des autres, que toutes soient aussi imbibées d'amour que peut l'être cette énergie qui les traverse et qu'elles doivent traduire, compte tenu de leur spécialisation. On imagine le travail gigantesque que demande une telle démarche vers une harmonisation, qu'une déviscéralisation rend enfin possible ! Rien ne doit compter pour l'homme si ce n'est la nécessité de vivre à l'état organique, cellulaire, voire moléculaire ; d'être conscient de cette présence et de n'être en vie que sous l'impulsion de cette même et seule force, de cette unique énergie qui envahit l'être humain de toutes parts depuis toujours. Rien ne doit compter en dehors de cette immense compréhension qui va jusqu'à la plus petite particule moléculaire et grâce à laquelle émerge la notion unitaire de l'être. Rien ne doit en faire perdre le sens, pas même la maladie, encore moins la souffrance, témoignage de la perdition d'un groupe cellulaire qui s'est exclu de l'Etre, qui s'est aliéné jusqu'à ne plus avoir de dialogue possible avec les structures environnantes. Rien ne doit faire perdre la foi en ce dialogue transcendant.

Toute démarche doit tendre vers l'abandon de cette chair que le fœtus a confiée à l'homme afin que celui-ci devienne, au travers d'un accouchement qui se poursuit depuis le jour de la naissance jusqu'au jour de la mort, un instrument dans lequel seul l'Esprit se révèle unique Conscience. Mais ce corps qui se veut être un instrument constitue, avant de s'envoler dans les sphères éthérées, un ensemble présentant une structure physique, résistant contre les difficultés de sa propre identification et demeurant en proie aux doutes sévères qui le veulent investir de son caractère illusoire. Et pourtant, il existe ! Et le meilleur moyen d'en disposer comme d'une réalité est justement de le considérer comme un instrument dont la présence immanente est d'autant plus sensible qu'il devient un instrument expérimenté. Le virtuose sait que l'instrument sur lequel il s'exprime est là à sa disposition ; il en connaît les contours, la consistance, le maniement, et tout ce qu'il pourra en extraire.

Pourquoi l'homme ne pourrait-il pas voir se dessiner dans l'Etre cette vision utilitaire de lui-même, cette apparence d'objet dont il peut exprimer les accents, modulations de sa pensée ? Cette image du corps-instrument est sans doute l'une de celles vers lesquelles s'orientent confusément les techniques objectives corporelles ; et celles qui veulent contribuer à la maîtrise de soi ou à la réalisation de l'être, ne font rien de plus que d'offrir une « méthode de corps humain », comme on peut évoquer une méthode de piano ou de violon. En effet, les techniques de chant, de parler, de comédie, d'expression corporelle, de motricité, de psychomotricité, ne sont que des recherches dont le but est d'éveiller à la conscience une image du corps fonctionnelle. Plus encore, elles apparaissent, sur le plan éducatif, comme des méthodes pédagogiques dont l'aboutissement met en évidence l'utilisation de ce corps ; elles en révèlent les touches sensibles dont l'ensemble réalise le clavier sur lequel va s'exécuter le jeu expressif de la pensée.

Les techniques corporelles sont nombreuses ; les plus efficaces sont celles qui font appel à la conscience de l'habitat physique dans lequel celle-ci réside. Outre l'intérêt qu'offrent de telles disciplines en révélant la coexistence, en un même corps, du physique et de l'esprit qui l'anime, elles permettent de dégager la notion de corps-instrument d'où surgit celle de l'utilisation de cet instrument dans le but de réaliser l'expression de la pensée. Il s'agit non plus d'un dialogue de sourds avec primauté d'une des deux parties de l'Etre soit physique soit psychologique, mais bien d'un dialogue de l'Etre avec lui-même, objet de sa découverte au travers de l'instrument humain.

Il n'y a point de pensée sans corps, ou en tout cas point de pensée explicitée hors du corps ; il y a pensée réalisée lorsqu'elle a été exprimée en totalité par l'intermédiaire du corps. Elle est la composition, la partition à jouer qui ne peut se manifester sans les instruments qui doivent l'exécuter et pour lesquels elle fut créée. Une musique n'existe pas en elle-même si le support instrumental, quel qu'il soit, n'existe pas.

Mais comment concevoir cet instrument humain ? Comment en découvrir le clavier ? Quelle technique utiliser pour en jouer avec virtuosité ? Les obstacles ne manquent pas sur le chemin qui mène à une telle réalisation.

Considérer un corps physique limité à son enveloppe cutanée est une illusion ; c'est en abordant un tel concept de l'être physique que commencent les difficultés. La peau ne limite en rien l'Etre ; au contraire elle est un organe largement ouvert qui tend à le faire adhérer à l'environnement. Elle est une partie différenciée du système nerveux central ; elle est, comme tous les organes sensoriels, un analyseur. Elle est un « affecteur » quand elle reçoit, sélectionne, trie, analyse et intègre. Elle est un « effecteur » lorsqu'elle émet.

L'image du corps, en tant qu'ensemble plastique trop soudé à la conception anatomique, ne révèle jamais qu'une fausse imagerie de l'être pensant actif sous-jacent qui se sert de cette structure organique comme support osseux, musculaire, ligamentaire, d'un système nerveux global. Tout ce qui n'est pas accessoire respiratoire, digestif, vasculaire, est sensoriel et fait donc partie intégrante de l'appareil nerveux. C'est cette image neurologique qui va faire transparaître dans l'homme l'image psycho-neurologique de l'Etre. Les parties les plus innervées sont les plus avantagées mais aussi les plus difficiles à découvrir. Car l'homme est un instrument difficile à manier. Aucun instrument n'offre assurément plus de difficultés techniques dans son jeu. La virtuosité ne s'obtient qu'au prix d'un long et minutieux apprentissage. Que de gammes à faire, que de répétitions à effectuer, quel travail obscur, fastidieux, lassant à exécuter !

Et lorsque l'image est acquise, à quoi correspond-elle ? Quelle allure prend donc cette prestigieuse machine ? Il est évident qu'il est pratiquement impossible d'en dessiner les contours comme on pourrait le faire d'un violon par exemple. Cependant on peut en dégager, se superposant aux imageries dont on a fait mention plus haut, la notion d'un complexe organique neurologique, à dispatching supérieur encéphalique, doté de mille antennes : peau, œil, nez, goût, oreille, entre autres. Ce complexe s'offre à être joué et, qui mieux est, à être joué par lui-même ; mais là apparaît immédiatement la difficulté qui consiste à considérer le système nerveux comme étant à la fois l'instrument muni d'un clavier et l'exécutant doté du pouvoir de jouer de ce « système-nerveux-clavier ». N'est-ce pas là une illusion, comme tant d'autres, en matière d'imagerie corporelle ? Je ne le pense pas car, enfin, si le corps devient l'objet réel, d'où sont extrait mille accents de son expression, ce ne peut être qu'à la condition de concevoir la manière de jouer de cet instrument en utilisant, à des fins verbales, le système nerveux lui-même. Ce complexe neuronique peut certes tout faire et, parmi les inconnues de ses mécanismes, cette activité peut lui être conférée ; de toute façon ce ne sera pas la plus extravagante parmi celles qu'il nous propose.

4
LANGAGE
ET LATÉRALITÉ

Il me paraît toujours difficile d'envisager de parler du langage sans évoquer le problème de la latéralité, tant il me semble maintenant évident qu'il s'agit d'une même entité, ou du moins d'un même ensemble de faits indissociables. Conséquence et facteur de l'humanisation qui s'empare de l'homme au travers du langage, la latéralité constitue un des éléments les plus caractéristiques et non des moindres de la spéciation humaine. Elle participe à la prise de conscience du corps, ou mieux à la prise de conscience par le corps, lorsque celui-ci devient la « chose instrumentale », de la pensée qui se veut exprimer.

C'est lorsque l'enfant commence à vouloir s'exercer pour devenir le maître de son bégayage qu'il se trouve dans l'obligation d'opter. Il est à la croisée des chemins, des trois voies que nous retrouverons ultérieurement et qui ne sont autres que la voie droite, la voie gauche et celle de la non différenciation. Cette dernière que nous appellerons « médiane » se montrera régressive du fait même de son inadaptation évolutive.

Les deux termes rapprochés — langage et latéralité — entraînent dans leur association dynamique un troisième élément que constitue la verticalité. Elle aussi est inséparable du facteur langage. Elle contribue à modifier la posture de l'homme, tandis que se libère la face, qu'apparaît la mimique et que se dessinent les mouvements des lèvres en vue des premiers balbutiements.

Mais cette structure faite du tryptique : langage, latéralité, verticalité, n'est-elle pas elle-même, en réalité, le produit exprimé par le système nerveux ? N'est-ce pas cet ensemble qui répond à l'emprise de la pensée lorsque celle-ci se corporéise au travers d'un complexe neuronique en vue d'extraire, dans une posture adéquate, les accents qui seront les dires de son expression ?

Mais prétendre qu'une telle organisation puisse s'élaborer sur un ensemble neuro-physiologique bien déterminé et, semble-t-il de prime abord, voué à de toutes autres fonctions, c'est dire qu'il doit être possible d'envisager une genèse des mécanismes psychologiques qui président à ces phénomènes.

C'est ce que nous aborderons dans les lignes qui vont suivre. Puis à la lumière de ce que nous serons amenés à considérer en cours de route, se dessinera une nouvelle perspective basée sur le jeu des deux cerveaux dans la fonction humaine. La latéralité apparaîtra ainsi comme le dialogue s'établissant entre deux principes qui s'individualiseront au niveau même de l'acte parlé, par une voix droite et une voix gauche.

PSYCHOGENESE DE LA LATERALITE

J'aimerais proposer ici une hypothèse complémentaire relative au mécanisme psycho-neurologique du système nerveux, vu sous son angle d' « instrument-qui-s'exprime-par-lui-même ». Il existe en effet une boucle de contre-réactions qui fait songer à la notion de latéralité, si imbriquée à celle de l'expression verbale. Il n'y a pas de langage élaboré s'il n'y a pas cristallisation de la latéralité, ai-je dit par ailleurs (1). De fait, cette latéralité est non pas corticale, puisque les deux hémisphères cérébraux sont anatomiquement identiques — quoique utilisés différemment sur le plan fonctionnel — mais viscérale. C'est parce qu'elle est justement viscérale que cette asymétrie s'impose si impérativement ; rien n'est symétrique en effet sur le plan viscéral. Seul le système nerveux est symétrique en sa partie qui ne se rapporte justement pas au viscéral ; cette symétrie non viscérale n'est que le résultat de la bipartition rendue obligatoire dans la lignée animale en vue de l'obtention de son autonomie pour les mouvements de locomotion. Ceci étant précisé, disons que l'information neuronique de l'asymétrie de base d'origine viscérale, exploitée pour le contrôle de la phonation, imprime une asymétrie corticale ; celle-ci fait apparaître, dans la conscience subliminaire, une asymétrie corporelle fonctionnelle transudant au-delà de la symétrie corporelle physique préexistante.

La bipartition morphologique identique ou à peu près identique de l'image corporelle, telle que l'observation du corps pris en sa totalité nous la montre de manière sculpturale, extérieure, est en quelque sorte sous-tendue par les asymétries de fond que le système nerveux imprime dans son jeu sous-jacent et permanent ; celui-ci traduit en surface, mais de façon obscure, l'asymétrie profonde qu'il intègre organiquement en un deuxième temps. La latéralité, qui se transmet par cette notion d'une différenciation des deux hémisphères, n'est donc que la traduction difficilement explicitée de l'asymétrie organique sous-jacente qui ne se plaque sur la symétrie ou bipartition initiale que tardivement, lors de l'apparition du langage.

Le langage utilisant, dans son élaboration, le nerf vagal pour assujettir l'ensemble des appareils phonatoires, introduit l'asymétrie fonctionnelle récurrentielle. Le nerf récurrent n'a d'autre souci au départ que de déterminer l'ouver-

___

(1) L'Oreille et le Langage, A. TOMATIS, éd. du Seuil, Paris 1963. Education et Dyslexie, A. TOMATIS, éd. E S F., Paris, 1972.

ture et la fermeture du sphincter laryngé lors de la déglutition. Il n'influence en rien, dans ce cas, l'organisation symétrique globale. C'est de sa mise en fonction linguistique qu'apparaissent, par option de contrôle, de régulation, le côté court, le droit, et le côté long, le gauche. Cette asymétrie existe, certes, dans la lignée animale, mais n'est pas autrement utilisée que dans sa fonction de déglutition. Aussi n'enclenche-t-elle pas l'ébauche de la latéralité. L'organisation évoluée du langage permet au bipède humain d'utiliser cette bipartition fonctionnelle, mécaniste au départ puis d'ordre psychologique puisque inhérente à la pensée à verbaliser, pour introduire dans le système nerveux les gnosies et les praxies. Ces dernières acquisitions, véritables mémoires sensorielles et motrices qui se plaquent sur les automatismes antérieurs, éveillent la connaissance des impressions sensibles et dynamiques du corps. A l'état encore embryonnaire chez les mammifères inférieurs, puis ébauchée chez les anthropoïdes, cette connaissance, très évoluée chez l'homme, permet au champ conscient de s'insérer dans ce dernier avec aisance, permanence et certitude.

Les deux côtés ne sont donc différents que si l'on tient compte du fait que, sous l'aspect morphologique symétrique, existe la tension réelle d'une fonction neuronique. C'est cette tension neurologique qui est asymétrique. Les deux côtés du système nerveux, d'allure symétrique à l'exception du domaine du nerf vagal ou pneumogastrique, sont du fait de la présence de ce dernier, asymétriques dans leurs tensions fonctionnelles. Or, cette asymétrie des deux hémicorps transparaît fonctionnellement et linguistiquement.

LES DEUX CERVEAUX

Il me plaît à imaginer que l'un des deux côtés du cerveau devient, avec son arborescence neurologique de base, l'instrument sur lequel se prend à jouer l'hémisphère opposé, envisagé lui aussi en sa totalité neuronique. Plus précisément, j'attribue à l'hémisphère encéphalique droit et à son épanouissement nerveux total le rôle de l'instrument tandis que l'autre hémisphère, le gauche donc, devient en son ensemble, le système nerveux total exécutant.

Il ressort de cette façon d'aborder la latéralité qu'il convient de redistribuer à chaque hémicorps son faisceau direct homo-latéral toujours passé sous silence dans les concepts habituels relatifs à ce problème. En effet, les faisceaux directs sem-blent invariablement négligés tant ils deviennent gênants pour toutes les hypothèses dont les conceptions restent sus-pendues aux croisements « cerveau gauche - corps droit » et « cerveau droit - corps gauche ». Cependant, si pour des raisons théoriques, les défenseurs classiques de la latéralité inclinent à supprimer de leurs considérations les faisceaux homolatéraux, qu'il me soit permis de rappeler ici que ces derniers sont loin d'être négligeables. En effet, ils repré-sentent les 2/5 des voies afférentes pour les faisceaux cochléaires de l'audition par exemple, les 3/5 seulement répondant aux voies décussées, c'est-à-dire croisées pour les faisceaux cochléaires de l'audition.

Chaque hémi-cerveau innerve donc tout le corps qui est ainsi, grâce à ses relations homo et hétéro-latérales, repré-senté corticalement mais sous deux aspects fonctionnelle-ment différents. Le corps « instrument » annoncé plus haut et qui est en somme le corps matériel, physique, se trouve sous le contrôle de l'hémisphère droit, tandis que l'hémis-phère gauche devient de ce fait l'exécutant, celui qui va jouer sur l'autre corps, celui qui doit devenir, suivant le sou-hait de l'éducateur et du pédagogue, le virtuose. Bien entendu les connexions trans-hémisphériques au niveau du corps calleux permettent un dialogue d'intelligence entre les deux parties corticales que cette relation de fonction solidarise de manière étroite, vivante et permanente. Le langage permet donc un usage du cerveau en sa totalité, mieux que ne sau-rait le faire aucune autre fonction.

Dès lors, suivant ce concept fonctionnel, les attributions des deux parties cérébrales se révèlent tout à fait différentes. Tout ce qui est masse instrumentale corporelle, même celles siégeant à droite, dépend du cerveau droit en tant que notion d'existence passive non dynamisée ; tandis que l'investisse-ment conscient, volontaire, actif, est insufflé par le cerveau gauche, tant à droite qu'à gauche. Le côté droit corporel qui, dans sa forme dynamique traduit le mouvement, doit être étendu jusqu'à la gauche corporelle. Il faut donc être droi-tier jusqu'à la gauche pour que le cerveau droit, qui repré-sente la totalité de la corporéité en tant que masse instrumentale, offre cette sorte de harpe ou de lyre corporelle au cerveau gauche qui sait en jouer en totalité également.

La latéralité est donc plus que la prise de conscience d'une asymétrie ; elle représente la prise de conscience d'une réalité masse - volonté dynamique, c'est-à-dire inertie-action. Le côté droit qui bénéficie, on s'en souvient, d'une information vagale plus courte représente le côté dynamique, celui qui va de l'avant, tandis que l'autre, le côté gauche, reste à l'arrière, comme englué dans sa matérialité.
Je pense m'être suffisamment expliqué pour que se détache bien le jeu symétrique du cerveau dans les mouvements spontanés, tels que la marche par exemple, où chacun des deux cerveaux intervient en déterminant l'action du côté corporel opposé, grâce aux 3/5 des fibres hétérolatérales pour l'oreille cochléaire, comme on l'a vu plus haut, tout en conservant la notion du côté homolatéral par les 2/5 des fibres non décussées. Ainsi les deux côtés apparaissent indispensables, mais leurs activités sont différentes. Et qui mieux est, il existe une imbrication des deux parties. Celles-ci se distinguent l'une de l'autre comme étant deux éléments d'une même globalité qui a besoin de leur mutuelle présence pour exister. Elles doivent co-exister. C'est à partir d'un certain niveau d'intégration plus élevé que l'un de ces éléments s'individualise en tant qu'instrument, tandis que l'autre peut prétendre devenir le virtuose ; l'un est le côté masse moléculaire, l'autre est la vie qui le dynamise. Ces deux activités s'imbriquent donc en un tout, en un ensemble rendu vivant et dynamique par leur jonction. Les deux cerveaux éclairent dans leur champ de conscience ces deux états, l'un qui répond à une masse livrée à sa dynamique propre et l'autre qui polarise l'énergie totale dans une seule et même direction.

Bien des éléments cliniques et expérimentaux nous conduisent à cette opinion et contribuent à nous faire dépasser le stade de la suggestion. Sur le plan de la clinique, l'énorme richesse de la pathologie de l'encéphale renforce considérablement ces dires : les manifestations du cerveau droit ne se calquent pas sur celles du cerveau gauche ; ce fait, à lui seul, introduit de toute évidence une différenciation fonctionnelle répondant essentiellement à la sphère psychologique et, par là, évidemment à la totalité de l'aire linguistique. C'est d'ailleurs à partir de ce point d'impact précis que Broca sut donner, voici une centaine d'années, l'impulsion scientifique de l'étude concernant la latéralité humaine. Depuis lors les recherches se sont largement étendues et peuvent être évoquées dans le schéma suivant :

— la pathologie du cerveau gauche se caractérise par des troubles qui touchent à :
   — la motricité de l'hémicorps droit
   — la somato-agnosie
   — la fonction parlée
   — la perte de la notion droite-gauche
   — l'auto-topo-agnosie
— la pathologie du cerveau droit offre, lors de son atteinte, des troubles qui frappent :
   — la motricité de l'hémicorps gauche
   — l'hémi-asomato-gnosie
   — l'anosognosie
   — l'anosodiaphorie

Ces signes que j'ai rapprochés ici volontairement pour que puissent surgir les différences essentielles qui existent entre eux, méritent d'être expliqués. Il est bon de noter tout d'abord que les deux hémicorps sont atteints quant à leur motricité. Ceci touche au plan de la fonction archaïquement investie du contrôle de la symétrie de bipartition motrice. Remarquons ensuite que la perte de l'hémicorps droit s'accompagne de l'impossibilité de parler. Cette aphasie revêt mille formes ; nous resterons dans un cadre général bien entendu en disant simplement que l'aire linguistique spécialement attribuée à l'acte parlé, est lésée sur le plan moteur ou sensoriel : la fonction archaïque sous-jacente précédemment citée est en même temps perturbée puisque la fonction linguistique est secondairement greffée sur cette dernière, comme rapportée sur elle. Toujours en ce qui concerne la perte de l'hémicorps droit, c'est-à-dire dans le cas d'une hémiplégie due à une lésion corticale gauche, ce que nous retiendrons et qui touche à la sphère psychologique est la perte de la connaissance du corps, la somato-agnosie ; elle est totale et frappe aussi bien le côté droit atteint que le côté gauche en apparence indemne. La localisation devient impossible sur le plan spatial, la différenciation droite-gauche est littéralement dissoute ; plus encore, les localisations corporelles sur le sujet lui-même et par lui-même sont rendues impossibles : l'auto-topo-agnosie veut signifier cette fâcheuse anomalie.

Par contre, la perte de l'hémicorps gauche qui laisse intact l'acte de la parole sur le plan mécanique fonctionnel linguistique, est le reflet d'une perturbation frappant l'hémisphère droit. La perte de la connaissance du corps, en ce cas, est une perte de la sensibilité, préalablement connue et intégrée, du corps gauche. Le sujet atteint de ce déficit n'en souffre aucunement, ce qui est déjà frappant et, de surcroît, il semble même ignorer sa maladie, ce qui est désarmant. Il est et demeure euphorique, sottement gai, contrairement à l'hémiplégique droit qui paraît si profondément atteint et douloureusement triste. Cette désaffection que caractérisent les deux termes « anosodiaphorie » et « anosognosie » chez l'hémiplégique gauche contraste étrangement avec la perte de connaissance rencontrée dans la somato-agnosie totale des hémiplégies droites. En effet, dans ces derniers cas, le sujet est désespéré de ne pouvoir retrouver son corps. Autrement dit, il apparaît que les deux pertes gnosiques ne s'appliquent pas aux mêmes champs de conscience de la connaissance sensible intégrée. Ainsi dans l'auto-topo-agnosie et la somato-agnosie qui caractérisent la perte de l'hémicorps droit, le sujet est conscient de ne pouvoir se localiser dans l'espace et, qui plus est, d'être incapable de différencier les diverses parties de son individu physique. Il a perdu son corps dans le champ de sa mémoire cognitive et sensible. Il est incapable de rechercher gnosiquement, c'est-à-dire par voie de connaissance sensible et sensorielle mémorisée, son instrument qui s'est échappé de son champ d'investigation. C'est le soma mémorisé, connu, verbalisé en quelque sorte, qui a disparu du champ de conscience. Il s'agit donc d'une réaction gnosique psychologiquement intégrée, du soma activé en opposition avec cette perte de l'image somatique rencontrée dans les hémiplégies frappant le côté corporel gauche, dans lesquelles le soma n'est plus présent du fait de son désinvestissement de la partie intégrée dans l'image du corps.

Il semble donc que la pathologie du cerveau gauche mette en exergue l'essentielle fonction de cet hémisphère qui est celle d'assurer les gnosies, c'est-à-dire les champs sensoriels devenus connus, cognitifs et par conséquent intégrés dans le champ conscient, comme il a été défini plus haut. C'est grâce aux mécanismes de ces champs sensoriels pareillement sensibilisés que la férule cybernétique peut s'exercer praxiquement sur le plan moteur, surajoutant, de ce fait, une activité de contrôle, mise à la disposition du champ conscient, sur des automatismes plus archaïquement induits. Le cerveau droit se préoccupe dès lors d'investir l'image du corps, le soma, sans lui essentiellement organique, massique, et par lui accédant à la représentation de l'instrument dont nous avons parlé antérieurement.

Il est évident que, s'il y a perte du soma et que seules les gnosies subsistent, le sujet est comme le musicien qui sait toujours jouer de son instrument mais qui a perdu cet instrument et le recherche désespérément. C'est le cas de l'hémiplégique corporel droit. Dans la deuxième hypothèse, l'instrument est là mais le sujet ne sait plus en jouer, frappé d'amnésie au niveau de l'acquisition de l'acte de la musique. Ceci se rencontre chez l'hémiplégique corporel gauche.

LES DEUX PRINCIPES

Comme je l'ai signalé au début de ce propos concernant les deux types d'hémiplégies, ce sont les répercussions psychologiques et linguistiques surajoutées sur ce support organique qui ne sont pas identiques dans l'un et l'autre cas. Là surgit l'une des notions importantes relatives à la latéralité. Il existe certes une différenciation des deux hémisphères qui finissent par s'individualiser, jusqu'au point d'atteindre une spéciation poussée relevant bien de la pensée verbalisée ; mais, en fait, il n'y a pas de différence fondamentale en ce sens que chacun des hémisphères est identique à l'autre puisque, comme dans la lignée animale, les deux hémisphères sont conçus pour assurer la bisymétrie indispensable à la locomotion de l'espèce. Au-dessus de cette symétrie de base, chacun des deux cerveaux se présente comme étant « droite-gauche » et cela même jusqu'au plus profond de chacune des cellules. Autrement dit chaque cellule, chaque groupe neuronique, chaque hémisphère cérébral est « droite-gauche », c'est-à-dire que chacune de ces structures possède en elle deux principes, l'un gnosique, l'autre somatique. Le dialogue qui s'installe entre ces deux éléments rappelle étrangement celui de la matière et de l'esprit, celui du corps et de la volonté.

Ainsi, lorsqu'un côté du corps est frappé jusqu'à être éliminé, c'est l'ensemble somato-gnosique qui est détruit. C'est cet équilibre, tenu en suspension grâce au balancement de deux principes « droite-gauche », qui disparaît. Selon la spéciation de chacun des deux groupes agissant comme les deux termes de ce balancement, l'équilibre est, dans des conditions normales, maintenu par le jeu de leurs tensions harmonieusement réparties. Dans des conditions défavorables, le fléau de la balance s'infléchit de l'un ou l'autre côté suivant la disparition de l'un des supports de soutien contenus dans les termes des deux propositions de l'équilibre ; de sorte que si le terme, représentant du somatique, vient à disparaître dans l'équilibre, c'est évidemment le soma dont on remarque l'absence. Si au contraire le terme, représentant du gnosique, n'agit plus, c'est immanquablement l'aspect cognitif qui disparaît.

Les deux hémisphères se sont donc spécialisés pour assurer cet équilibre : l'un dans le domaine somatique, l'autre sur le plan gnosique. Le droit est somatique, le gauche gnosique, c'est-à-dire que le droit est « somatique dominant-gnosique mineur », et le gauche est « somatique mineur-gnosique dominant ». D'ailleurs la terminologie « asomato-gnosie » et « somato-agnosie » me semble plus appropriée pour faire ressortir l'atteinte d'un des côtés « soma dominant-gnosique mineur » qui correspond au cerveau droit ou de l'autre côté « soma mineur-gnosique dominant » qui correspond à l'hémisphère gauche.

Ainsi il apparaît, à la lumière de ces faits, que le « gnosique » rend adroit le maladroit « somatique ». Le gnosique est le côté droit de chaque système, le somatique en est le côté gauche. Etre gaucher c'est être encore trop peu gnosique ; être maladroit, c'est être encore trop somatique.

Ce qui me paraît important à retenir, c'est que l'imbrication droite-gauche ou gauche-droite est, en permanence, présente en chaque cellule, comme elle l'est en fait en chaque élément de la matière : toute molécule ou tout atome a son système droite-gauche, action-masse, qui s'oppose en définitive au principe de la dualité classique chargé d'installer un véritable antagonisme entre les deux systèmes, ceux-ci prenant l'allure d'un « plus » ou d'un « moins » mis en équilibre d'opposition. Il s'agit en réalité d'un simple dialogue, plus ou moins avancé, plus ou moins élaboré, pénétrant jusqu'au sein de la matière. Si celle-ci reste compacte et massive, elle apparaît bloquée dans son inertie ; si au contraire elle se trouve pénétrée par le dialogue qui s'installe, elle s'active, s'anime, s'allège, se dynamise, se consciencise en somme. La négativité n'est plus dès lors l'opposé de la positivité mais l'un des termes d'un dialogue qui fera varier, en fonction des tensions dialectiques, l'allure de leur comportement réciproque. Si le négatif devient le plus convainquant, il s'établit un système « négatif-positif » où domine le négatif ; en sens inverse, le terme positif s'érige en maître dans le groupe « positif-négatif ». Et dans les cas extrêmes, on voit le négatif ou gauche être en fait seul existant ; à l'inverse, dans le cas opposé, le positif ou droit reste seul en fonction. Mais leur potentialité ne peut être mise en évidence que par leur action couplée puisque leur activité est la résultante de leur inter-réaction, cybernétiquement entretenue.

Les difficultés de dialogue entre ces deux principes expliquent les nombreuses anomalies rencontrées dans l'organisation temporo-spatiale. La main mise du champ droite-gauche gnosique, c'est-à-dire, je le répète, du champ réservé à la connaissance mémorisée sensible de l'utilisation du corps, se fait sur l'hémisphère gauche. Les commandes de l'un sur l'autre des deux principes inhérents à toute partie de l'être sont en retour largement influencées dans leur équilibre par le psychisme. On comprend alors comment les perturbations de la vie de relation peuvent avoir un énorme retentissement en profondeur, en interrompant ou en anormalisant les termes de ce rapport des deux forces en présence « droite-gauche » ou « gnosie-soma ». On se souvient notamment de la valeur symbolique des impacts paternel et maternel sur ces facteurs « droite et gauche ».

J'aimerais, au passage, soulever un autre aspect de la latéralité. Celui-ci, pathologique, s'oppose en quelque sorte à l'approche psychologique relationnelle normale, née au sein de la famille dès la première enfance. Le psycho-somatisme est là pour nous convaincre d'un tel mécanisme. Si le principe gnosique déconnecte sans qu'aucune lésion apparaisse, le sujet plane dans les sphères, ayant égaré le soma ; il perd pied et évolue sans assise affirmée ; le dialogue sans interlocuteur somatique le conduit à déraisonner. La psychiatrie fleurit en cas de ce genre. S'il n'y a aucun point de jonction du gnosique avec le somatique, celui-ci sort du champ conscient et la raison s'emballe jusqu'au déraisonnable. Si le gnosique est en difficulté avec le somatique, chacun des deux fait subir à l'autre des sévices, rendant soit le corps malade, soit l'âme triste. Cette absence ou cette mauvaise élaboration du dialogue traduit les troubles que l'on rencontre dans la vie de relation bio et psycho-génétique. Tout se passe en réalité comme si la maladie était un dialogue droite-gauche de mauvaise qualité. De plus, l'ambiguïté inhérente à ces deux principes marque de son sceau toutes les ambivalences humaines notamment celle de la sexualité, la gauche maternelle activée par le côté droit paternel.

Les deux cerveaux semblent donc imprégnés des deux principes. J'aimerais pour illustrer cette hypothèse, exposer un cas clinique que j'ai eu à traiter il y a quelques années. Il s'agissait d'un jeune adolescent de 13 ans envoyé du Canada pour être soigné dans mes services. Son histoire était celle d'un hémisphérectomisé gauche. En effet, il avait été décidé, par le Docteur Penfield de Montréal, que cet enfant devait subir une exérèse de la moitié de son cerveau, le gauche en l'occurrence, pour être libéré de son état de grand mal permanent. Cette détermination devait ainsi sauver l'enfant que des crises d'épilepsie subintrantes mettaient en grave danger. L'opération fut donc pratiquée. Il est bon de remarquer en passant que, dans ces cas opérés jeunes, c'est-à-dire avant l'âge de 10 ans, les paralysies régressent en partie. La motricité redevint ainsi apparemment normale chez ce jeune enfant, les principes intra-cellulaires « droite-gauche » de chaque hémisphère n'étant pas encore hyper-spécialisés.

Après l'intervention, l'enfant fut rééduqué au Canada pendant plusieurs années sur le plan du langage. Celui-ci réapparut mais demeura difficile et lent. De plus, l'intégration scolaire s'avéra très complexe du fait que le sujet ne parvenait pas à fixer son attention. La rééducation générale dont l'enfant bénéficia après l'hémisphérectomie porta essentiellement sur la mise en exploitation du côté gauche, bien que la motricité droite ait été pratiquement récupérée comme je l'ai signalé plus haut. Le but recherché fut donc d'utiliser au maximum les possibilités du corps gauche afin de favoriser le côté appartenant au cerveau droit, seul existant puisque l'hémisphère gauche avait été supprimé par exérèse lors de l'intervention chirurgicale de PENFIELD. Mais il semble qu'il en est dans de telles circonstances comme il en serait s'il nous venait à l'idée de couper par moitié un cristal dextrogyre. Les deux parties obtenues resteraient, dans leur structure, éminemment dextrogyres. Or les deux cerveaux de chaque individu sont dextrogyres ; c'est un fait de nature qui paraît en harmonie avec toutes les lois cosmiques, moléculaires et atomiques. Le cerveau droit de cet enfant était donc en profondeur dextrogyre et non lévogyre. C'est pourquoi l'enfant, bien qu'ayant gardé ses totales possibilités intellectuelles (le quotient annonçait un score de 124, avec un seul cerveau !) ne pouvait avancer sur le plan scolaire comme il aurait été en droit de le faire. La rééducation qui lui avait été imposée à gauche ne lui permettait pas en effet d'élaborer le dialogue d'équilibre des deux principes droite-gauche.

Après avoir examiné longuement l'enfant sur le plan audio-psycho-phonologique, je décidai alors de le rééduquer à droite à l'aide d'un conditionnement essentiellement auditif à travers l'Oreille Electronique. Quelques semaines plus tard, son activité droite était devenue efficiente et définitivement acquise. Le langage avait retrouvé ses qualités de timbre et de rythme. L'enfant s'exprimait normalement d'une voix modulée qui contrastait fortement avec la voix terne et sans vie du début du traitement. De plus, les troubles caractériels très accusés que présentait l'enfant depuis l'intervention avaient pratiquement disparu. Notre jeune patient était devenu calme, épanoui, souriant. Il avait perdu cette attitude d'opposition et d'agressivité si intimement liée à la notion de gauche.

Qu'avais-je pu enclencher au cours de cette rééducation auditive droite ? J'avais simplement éveillé chez l'enfant la latéralité droite inhérente à son cortex droit, d'ordinaire plus exploitée par le cerveau gauche. Il est évident que, lorsque ce dernier joue au dominant gnosique, le cerveau droit l'accompagne synchroniquement en utilisant son pouvoir gnosique propre, tout comme le cerveau gauche sait harmoniser son action somatique avec celle du cerveau droit.

LA DROITE ET LA GAUCHE

La latéralité envisagée ainsi sur le plan fonctionnel comme étant une induction vigilante et énergisante, atteint chez l'homme son plus haut degré ; elle traduit son humanisation par sa propre mise en condition pour devenir une antenne de la conscience. Celle-ci en son action dynamisante et créatrice tend, semble-t-il, à imbiber tout élément vivant dans l'homme. C'est elle, à n'en pas douter, qui introduit son énergie dynamisante dans l'inertie de la masse, et cela jusqu'au dernier atome, si bien que chaque cellule de l'être, chaque tissu, chaque organe, sont, par extension, constitués par les deux principes « énergie-masse ». C'est cela même qui constitue la droite et la gauche. Ce sont deux principes nécessaires dans leur complémentarité. Il n'y a pas de droite sans gauche. Il n'y a pas de dominance de l'un de ces principes sur l'autre lorsqu'il y a harmonisation des deux.

La dysymétrie perçue n'est pas une asymétrie réelle ; elle n'est même que l'apparence d'un antagonisme existant entre deux termes qui ne peuvent en rien jouer à une quelconque opposition, si ce n'est sous l'angle d'activités différentes ; l'un est une force, l'autre est une masse. De leur inter-réaction surgissent plusieurs effets : le premier répond à la réflexion de cette force sur la masse ; le second dépend de la réaction massique de cette masse à cette force ; le troisième correspond à l'éveil d'une résonance intrinsèque de cette masse à cette force, d'où se dégage une énergie propre à cette dernière activité. Il n'y a donc pas asymétrie au sens réel du terme, mais simplement rapprochement et équilibre de deux principes essentiellement différents qui trouvent vraisemblablement leur jonction cybernétique dans le plan unitaire.

La droite et la gauche, ou mieux encore le rapport droite-gauche, ont toujours été ressentis comme une réalité sinon humaine, du moins cosmique. La science n'a en rien contredit cette intuition, et tout apparaît dirigé dans le domaine de la physique sous la condition même de cette relation, depuis l'univers dans sa totalité jusqu'à la particule la plus minuscule encore identifiable. Cependant une telle évidence semble avoir été entachée d'une interprétation compétitive entre les deux principes, laquelle devait octroyer à l'un des deux côtés la faveur de son dynamisme tandis qu'elle enferrait l'autre sous les reproches de son inertie. L'un, le droit, devint celui qui alla jusqu'à représenter le vecteur de vie, la ligne de conduite, de morale, de justice. L'autre en contrepartie, devint sombre, triste, sans signification de vie, sinistre en somme.

Il n'y avait qu'un pas à faire pour que l'un des côtés se voit attribuer tous les symboles que son dynamisme imposait implicitement, tels : le soleil, l'est, le sud, le principe de vie, le bien, le père, etc. ; l'autre côté, par contre-réaction, devenait la terre, l'ouest, et le nord, le principe de mort, la femelle, le mal, etc. Pourtant une note obscure résonnait confusément qui voulait que le principe divin fut parfois gauche ; il est vrai que ce dernier était droite et gauche à la fois dans son unicité. Sans doute est-ce à la suite de cette cascade d'attributions, favorables pour l'un et désobligeantes pour l'autre, que les deux côtés de l'être se trouvèrent si étrangement dissociés, jusqu'à n'être plus désignés, dans le langage éducatif élaboré à l'intention de l'enfant, que comme la « bonne main » ou la « mauvaise main ».

Ce concept de gauche sinistre n'est d'ailleurs pas généralisé et, dans bien des points du globe, en Chine notamment, il n'y a pas d'opposition des deux principes droite-gauche, mais nécessité de leur présence, comme l'exprime la cosmologie du lieu qui trouve son unicité sur l'équilibre yin-yang. Particulièrement intéressante nous paraît être l'interprétation du terme qui désigne la main gauche dépouillée de sa valeur maléfique, en particulier pour les langues égyptiennes et sumériennes, dans lesquelles la main droite appelée « al » s'avère être celle qui fait la moisson tandis que la gauche dénommée « gab » est celle qui porte le sac contenant le grain cueilli. Il existe, sur le plan de l'interprétation symbolique, un tel parallélisme analogique conceptuel entre le support droite-gauche et le support « information-stockage d'informations » qu'il me semble intéressant d'en rapporter le fait. Je pense à ce sujet que, symboliquement, le « manipule » du prêtre, par sa place et sa fonction, signifie que la main gauche est celle qui tient la gerbe de blé tandis que la main droite exécute le sacrifice. Ce n'est que lorsqu'il parut aux Anciens insuffisant de broyer du blé pour assurer l'offrande, qu'il fallut exécuter la victime vivante choisie. Il devint alors fâcheux d'être « sénestrement » tenu ou « sinistrement » présenté à l'exécution inéluctable de la main droite, devenue la main de la justice.

Il n'existe donc, entre les deux principes, droite et gauche, ni antagonisme, ni dominance ; il existe seulement une harmonisation avec un ensemble pré-établi qui ne dépend pas de l'individu en soi. C'est cette position d'équilibre qu'il s'agit d'acquérir pour assurer une dynamique structurée, non pas indépendante, mais faisant partie intégrante du tout. Mais pour que cette harmonisation devienne efficiente sur les myriades de cellules dont est constitué le corps humain, il faut qu'elle soit polarisée en quelque sorte. C'est l'organisation de cette polarité qui se trouve acquise par la verbalisation de la pensée inductrice grâce au choix d'une voie sensori-motrice, la droite, électivement plus courte, gnosique et praxique, spécialement individualisée pour assurer les contrôles. Il existe ainsi une voie droite et une voie gauche sur lesquelles il me plaît de plaquer la voix droite et la voix gauche.

LES DEUX VOIX

Bien exercée, intégrée et définitivement acquise, la voix droite est modulée, aisée, timbrée, fluide, percutante, pénétrante même, riche en fréquences élevées ; tandis que la voix gauche est et reste plate, pauvre, sans aucune modulation, sans timbre, sans vibration. La première ajoute aux impulsions du larynx un ensemble de vibrations de base qui en fait toutes les caractéristiques que je viens d'énoncer, alors même que la voix gauche semble ne rien ajouter.

La voix droite qu'en la circonstance j'appellerai dextrogyre est faite de sons qui se développent plus spécialement au niveau des fréquences de grande résonance du lieu. Il existe une adaptation à l'air environnant par raccordement des impédances acoustiques de la voix droite avec celles de l'environnement, tandis que les sons réalisés à gauche laissent le locuteur en désaccord, en dysharmonie, en disjonction avec la vibration de base extérieure. Dans le premier cas, il y a soudure totale avec le monde vibratoire, moléculaire ambiant ; il y a, comme le signifient PLATON et ARISTOTE, unisson entre la vibration interne et la vibration externe. La voix gauche par contre est essentiellement faite d'informations lancées sans possibilités d'accorder cette impulsion de départ avec l'ambiance environnante. Cette dernière, ainsi que je l'ai signalé quelques lignes plus haut, est mise en résonance en ce qui concerne la voix droite, grâce à une onde d'émission permanente stationnaire créée par les cavités résonantielles de la tête et du tronc, puisque sus et sous-laryngées.

La voix gauche, disions-nous, n'a pas de contact avec l'environnement et ne sait en aucune manière s'intégrer avec ce dernier. Il y a élimination ou impossibilité pour elle de se trouver intégrée dans l'univers vibratoire résonantiel. Elle demeure fixée dans le domaine de la simple information, parce qu'elle est dénuée de vie, éloignée du champ moléculaire de base entretenu par la vitesse quadratique moyenne et constituant la trame du support acoustique. Il existe donc également un aspect matériel et un aspect vital intrinsèque de ce matériau, l'un répondant à l'ensemble massique, l'autre au champ moléculaire du système acoustique, l'air en l'occurrence, qu'utilise la communication humaine. Il existe curieusement un « mur du son » à franchir, véritable seuil fréquentiel au-delà duquel la possibilité de s'insérer dans l'univers environnant et la sensation de s'identifier à lui par la résonance déclenchée, deviennent une réalité.

Un son dextrogyre est justement celui qui entraîne la résonance spécifique de l'objet excité, c'est-à-dire l'air ; le son lévogyre est celui qui ne fait que mobiliser la masse. Certes, il y a quelques inter-réactions de l'un sur l'autre. Un son gauche peut éveiller quelques résonances de fond, mais la vibration matérielle domine, tandis que c'est le phénomène inverse qui se produit pour la voix droite. Dans ce cas, il existe bien entendu une impulsion vibratoire initiale, mais les résonances sous-jacentes qui s'allument poursuivent moléculairement et non massiquement l'impulsion donnée.

Il est intéressant de noter que la réalité née de l'imbrication « vie et matière » pour ne pas dire trop brutalement « esprit et matière » se retrouve même au niveau du plan matériel aérien sur lequel se développe la communication acoustique. Elle n'est en fait que l'expression de l'énergie transmise sous une certaine forme dans la matière. La réalité de l'exploitation de ce phénomène de transmission réside dans l'équilibre obtenu entre l'une et l'autre de ces deux « composantes ». N'est-ce pas d'ailleurs ce que l'impédance acoustique cherche à détecter ?

Autrement dit, un son droit est acoustiquement accordé aux impédances du lieu, tandis qu'un son gauche n'y parvient pas. Plus encore, le son droit s'accordant à l'air environnant mobilise en lui le champ moléculaire jusqu'à augmenter le jeu des pressions qui éveille, suscite, fait éclore et s'épanouir la notion de l'image du corps, c'est-à-dire de la conscience du corps ; tandis que la voix gauche, sans correspondance avec ce jeu fait du dialogue « corps-univers sonore », ne parvient pas à jouer avec virtuosité de ce langage primordial sur lequel s'appuie et s'étaye toute la relation humaine.

Il n'y a en fait ni droite ni gauche, comme je le disais plus haut, mais harmonisation de deux principes inhérents au corps, « gnosie-soma » ou « droite-gauche », avec les composantes « énergie-matière » de son environnement. L'essentiel est que, en premier lieu, surgisse de cette harmonisation un dialogue acoustico-physique, si je puis dire, sur lequel va s'étayer confortablement le langage, et que en second lieu ce dernier entretienne, paradoxalement il est vrai, grâce à sa présence, le phénomène sonore de base du support matériel.

Tout ce qui n'est pas complètement accordé n'est pas encore parvenu à une dextrogyrie parfaite et conserve donc, de ce fait, quelques résistances gauches qui entravent la parfaite utilisation de l'ensemble. Etre droitier en totalité, c'est être accordé intégralement avec l'énergie dynamisante qui soude l'être en lui-même, puis avec l'environnement. Dans ce milieu ainsi sonorisé et énergétisé, toute intervention, quelle qu'elle soit, toute pénétration de l'*alter ego* notamment va déclencher des résonances avec cette structure dynamisante, tant il est vrai que l'on joue du corps de l'autre comme du sien propre lorsqu'on lui parle.

L'inertie à vaincre en matière de langage sera d'autant plus grande qu'il faudra dextraliser le plus opposé : le gaucher. Ce dernier, opposé à tout jusqu'à lui-même, ne sera pas apte à exploiter cette force dynamisante, pour se contacter, se rencontrer et pour pénétrer dans le tréfonds de son être, à moins qu'une force inductrice, éducative, verbalisante, ne le tire de son état, en repolarisant son ensemble corporel jusqu'alors matériellement opposé à toute pénétration énergisante.

Plus la voix droite est utilisée, plus la notion matérialisée de soi est grandissante, plus l'on se connaît et plus l'insertion dans l'univers se précise. Le « connais-toi toi-même, et alors tu connaîtras l'univers » devient une évidence de fait. Aussi doit-on tout mettre en œuvre pour que l'être, au sein d'une démarche éducative, parvienne à adhérer, en pleine conscience, à la vie universelle dans laquelle il est personnellement impliqué.

L'EDUCATION DE LA LATERALITE

Le pédagogue qui est là pour induire sans contrainte son disciple dans la bonne voie aura, je pense, son mot à dire dans un avenir plus ou moins proche, en ce qui concerne la latéralité. Il ne s'agit pas pour lui bien entendu de porter atteinte à une liberté qui doit permettre à chacun la libre option concernant le choix d'utilisation d'un des côtés plutôt que l'autre. Mais il ne faut pas oublier que cette option doit se faire à un moment de la vie de l'enfant où la question du choix délibéré ne peut intervenir, tant le champ de conscience se trouve encore profondément enfoui dans les tréfonds de l'animal en quête d'humanisation. Cependant, j'en conviens, les difficultés ne sont pas minces et sont de plusieurs ordres lorsqu'il s'agit d'aborder le problème de la latéralité. L'une d'elles repose sur la prise de position ferme qui me fait dire avec une conviction quasi-absolue qu'il n'existe pas de gauchers. Il n'est pas plus de vrais gauchers que de faux gauchers. Il y a seulement des fixations à gauche pour des raisons éducatives, affectives, psychologiques. Le nombre considérablement plus important de droitiers et la possibilité de modifier une structure gauche en une organisation droitière par simple action de la fonction verbalisante, constituent les éléments de défense en faveur de la droite, dans le grand procès de la latéralité.

Les autres difficultés tiennent à la technique même employée pour insuffler cette latéralité et élaborer cette organisation nouvelle. Ce n'est pas, on le sait, par contrainte qu'on parviendra à dextraliser l'enfant. La mise en demeure faite à son adresse pour l'obliger à devenir droitier coûte que coûte ne peut que l'indisposer et l'ancrer plus profondément encore dans ses travers initiaux, quelle que soit sa disposition d'esprit. L'être humain n'aime jamais être manipulé surtout lorsqu'il s'agit non pas de modifier une habitude mais d'introduire un univers psychologique nouveau, dynamisant, dans un être négatif et statique. Il s'agit en la circonstance d'une prise de conscience, pour le sujet à dextraliser, d'avoir à abandonner un état dans lequel l'opposition à tout système était la base même de la force d'inertie sur laquelle la structure globale s'était progressivement élaborée.

Il ne s'agit pas bien entendu dans cette démarche éducative d'insuffler l'apprentissage de tel ou tel mouvement, de tel ou tel acte élevé au rang d'acquisition majeure sur laquelle repose la notion habituelle de la latéralité, tels l'acte de manger ou d'écrire. Il s'agit, par tous les moyens que l'on saura inventer et inventorier, d'aider l'enfant à ce que son langage se structure sur un mode dextrogyre. Je me souviens toujours de l'ahurissement dans lequel je plongeais mes interlocuteurs il y a quelque quinze années en leur signifiant qu'il y avait une voix droite et une voix gauche et que, de plus, la première attaquait le corps droit de l'alter écoutant, tandis que la seconde utilisait le clavier corporel gauche de l'auditeur fidèlement soudé au discours du parlant gaucher.

Depuis lors, je n'ai pas changé d'avis, bien au contraire. Les faits sont venus confirmer mes dires. Il y a, on s'en souvient, un jeu corporel mis en activité sur soi dès qu'il s'agit d'entrer en phonation. L'homme parlant se contrôle par l'oreille et par le corps en totalité. Ses sensations proprioceptives sont importantes et, si elles ne sont pas conscientes de prime abord, elles n'en sont pas moins existantes. En effet, le corps humain peut être investi corporellement et linguistiquement de manière dextrogyre ou de façon lévogyre. Je m'explique. Il s'agit bien dans le dialogue d'attaquer ou de s'adresser à tout le corps de l'autre et de l'envelopper de la phonation du locuteur tandis que le propre corps de celui-ci devient lui-même le vecteur support du contrôle essentiel de sa verbalisation.

Il y a donc un corps à corps, non pas nécessairement une lutte, non plus que dans la danse, mais un jeu subtil qui s'exécute sur le clavier neuronique corporel de l'autre. Une lingualité, quelle qu'elle soit, imprime sur le corps une succession d'informations dont l'ensemble oblige la totalité du corps à répondre à tel prolongement propre à cette lingualité ; il en est de même pour chaque mode de langage. Ceci étant, s'il n'y a pas de civilisation gauchère, cela veut dire qu'il n'y a pas de lingualité gauchère, lévogyre. Elles sont donc toutes dextrogyres. Comme si le cristal organique humain était dextrogyre et que ce qu'il émettait restait de même orientation...

Ainsi latéralité et langage sont intimement liés dans ce processus d'humanisation qui doit mener l'homme vers sa destinée. La droite et la gauche s'inscrivent en lettres d'or dans cette fresque que l'adulte doit proposer à l'enfant afin que celui-ci adhère en pleine conscience à l'univers auquel il appartient. Au niveau du dialogue droite-gauche institué grâce à cette énergie verbalisante qu'est le logos l'enfant verra augmenter son champ de conscience, deviendra peu à peu maître de son corps dans toutes ses dimensions ; mieux encore, il se sentira, en fin de course, intimement associé à l'environnement vivant du cosmos, au-delà des relations imposées par les contraintes socio-culturelles.

Mais auparavant, il devra parallèlement et psychologiquement construire, suivant un cadre sans cesse vécu et répété, son périple d'homme muni de son langage. La structure de celui-ci au cours du déroulement de l'existence ne fera, en réalité, que reproduire, dans sa progressive hiérarchisation, les étapes exprimées et verbalisées d'un trajet légendairement représenté par des mythes toujours identiques, à quelques variantes près. L'éclairage nouveau conféré à ces symboliques jalonnements qui bornent le vécu humain, semble soudainement décrypter d'une nouvelle façon, certains épisodes que l'on pourrait dire occultés par l'implication psychanalytique d'un inconscient sollicité et déjà mis en cause au-delà de la naissance.

Le mythe œdipien, si cher aux Grecs, souventes fois exprimé par eux et si génialement explicité par Sophocle, paraît être le plus démonstratif et aussi, il faut bien l'avouer, le plus tentant à promouvoir sous l'angle de la vie intra-utérine. Ce sera le propos du chapitre suivant.

5

LE PERIPLE
D'ŒDIPE

Ne pas naître est le sort
Qui l'emporte sur tout
[autre destin
Mais le destin qui vient
Aussitôt en second
Dès qu'on a vu le jour
C'est de partir au plus
[vite
D'où l'on est venu.
SOPHOCLE. *Œdipe à Colone*
Acte II, sc. III.
Antistrophe I.
Trad. Mario MEUNIER.

ŒDIPE ENCHAINE

Comment donc, à partir de cette première modulation maternelle, un dialogue pourra-t-il s'élaborer dans la perspective d'une idéale humanisation ? C'est la mère et elle seule qui peut et doit, en une magistrale initiation, montrer que c'est par amour et par amour uniquement, qu'elle prépare son enfant à la vie. En aucune manière, il ne lui sera octroyé, tout au long de sa maternité, d'autre

Mais moi, je me regarde
comme l'enfant de la
Fortune heureuse, et je
ne serai jamais désho-
noré. Cette Fortune est
ma mère...
SOPHOCLE. *Œdipe-Roi*
Acte II, sc. v.
Œdipe.

droit que celui de donner. Elle devra apprendre à ne pas « materner » sa maternité afin de permettre au successeur vivant en elle, au fils de ses entrailles, d'être essentielle- ment le fils de l'humanité. Dans le calme et la sérénité de sa grossesse, elle sentira qu'elle est au service de cet être naissant afin qu'il devienne un cristal de conscience, un miroir dans lequel se reflètera l'univers, et pour qu'il puisse un jour entrevoir lui-même une étincelle du divin, comme aurait dit l'Ancien. Et non pas pour qu'il se limite à rester le fils de sa mère désespérément fixé au stade de fœtus au-delà de la vie intra-utérine. C'est au travers du cordon ombilical, lien de la première relation, que la mère va se croire investie du droit d'être, de faire, de créer, et de posséder ce qu'elle-même a reçu, pour le transmettre à l'humanité.

Mais pour l'homme, une immuable loi prévaut sur l'actuel, l'avenir et le passé : rien d'excessif ne survient sans malheur dans la vie des mortels.
SOPHOCLE, *Antigone*
Acte I, sc. IX, strophe II.

Là, réside la première faute. C'est ici-même que semble surgir la distorsion primordiale qui obscurcit la conscience ; c'est à ce niveau que paraît siéger l'essentielle émergence de la difficulté dans la compréhension de ce qu'est l'Etre. La mère, arbre de vie, se prend à devenir, par le jeu de la créativité qu'elle s'attribue, l'arbre de la connaissance, et le fruit qu'elle porte sera son fruit... Le voilà donc, l'initial délire. Il n'y aura pas de vie propre pour l'héritier puisqu'il restera imbibé d'une mère qui saura imprimer toutes les cellules qu'elle fabrique du sceau de sa présence. Et tandis qu'elle transmet la vie, elle fournit les chaînes qui bloquent l'envol ; alors même qu'elle semble offrir la naissance à son enfant, elle inscrit la mort par la fixité qu'elle lui impose. Dès lors, le drame œdipien surgit, se déroulant d'une façon d'autant plus dramatique que l'Etre gravit les échelons qui le conduisent vers le champ de lumière.

Suis-je donc né maudit ? Ne suis-je pas tout entier couvert d'impureté, s'il faut que je m'exile, et que, dans cet exil, il ne me soit plus permis de revoir mes parents, ni de fouler le sol de ma patrie sous peine d'être forcé de m'unir en mariage à ma mère, de massacrer mon père, Polybe qui m'a fait naître et qui m'a élevé ?
SOPHOCLE. *Œdipe-Roi*
Acte I, sc. IX.
Œdipe.

Il me semble évident, compte tenu de l'expérience clinique qu'il m'a été donné de vivre, que le déroulement sophocléen de la réalisation de l'humain dans l'homme, franchit ces étapes d'une manière toute différente de celle proposée habituellement par la psychanalyse, et notamment par la démarche freudienne. La détermination du démarrage de la vie, à partir de la naissance en ce monde, me paraît devoir être déplacée et reportée beaucoup plus loin dans le temps, jusqu'au commencement de la vie intra-utérine. L'interprétation même du vécu œdipien prend alors un tout autre sens, qu'un analyste averti pourrait d'ailleurs animer d'une façon plus psychanalytique que ne saurait le faire ce propos. Mais c'est volontairement que j'apporte ici le fruit d'une réflexion personnelle née d'une expérience clinique vécue au travers des réactions des patients traités au cours de ces dernières années. L'ensemble m'est apparu révélateur d'un univers relationnel totalement différent de celui auquel j'étais antérieurement habitué, ne serait-ce que par le fait même de l'imprégnation éducative gréco-latine dont j'avais bénéficié jusqu'alors.

Je disais quelques lignes plus haut que la mère était ce premier élément qui, sur le plan du concept relatif à la maternité, faisait largement dévier l'évolution de l'Etre en son devenir fondamental. La mère, en effet, s'intercale le plus souvent entre l'Etre naissant et son devenir transcendant, tissant alors durant la grossesse les mailles serrées des filets du destin.

Elle fait l'enfant sien comme elle s'ingénie à faire sa grossesse et, dès le périple utérin, elle induit en elle-même, en ses entrailles, en sa progéniture, toute l'ambivalence d'une paradoxale situation qui veut la vie et prépare la mort, qui veut créer sans lâcher les amarres, qui veut dans l'univers des grands larguer son fruit sans l'offrir jamais, qui veut donner en gardant ce qu'il ne lui appartient pas de posséder. Car elle a été conçue pour concevoir, et sa motivation première est de distribuer cette énergie vivante dans sa traduction humaine. Elle est là pour cela, pour qu'elle soit inondée de la joie de participer, au travers de cette réalisation, à l'équilibre du genre humain. Mais le plus souvent la mère fait son enfant comme si elle était seule. Elle qui devrait accomplir silencieusement son acte de maternité puisqu'elle est mère par essence potentielle, se trouve devenir au travers de cette grossesse une individualité qui vit avec son fœtus un épisode isolé, au sein d'un groupe qu'elle exclut.

Le voilà donc le premier lit dans lequel mère et enfant couchent incestueusement. La mère s'octroie son enfant alors qu'elle ne devrait être que le lit, la première couche, sans qu'aucun placage de possession n'intervienne. N'est-elle pas en effet cette terre, cet humus sur lequel pousse la vie ? Rien de plus. A aucun moment, elle ne doit susciter l'éveil de son égoïsme, de cet égocentrisme qui s'agite à l'annonce de la maternité. Elle doit l'accepter dans la joie du don qui lui est fait et qu'elle doit transmettre ; elle est comme le lambeau de terre qui donnera l'arbre porteur de fruits. Mais il ne lui appartient en aucune manière de les manger. Ces fruits sont là pour ensemencer d'autres terres qu'elle-même. Sans cette observance, l'inceste se bâtit.

Ainsi l'Œdipe commence *in utero*. Enfermé dans la caverne utérine aux dimensions restreintes, bloqué par le cordon ombilical, soumis au jeu incessant mais limité de cet appendice, le fœtus découvre l'angoisse que crée la dépendance à un être, lui-même victime de sa folle culpabilité jaillissant d'une maternité mal comprise. Etre vierge en réalité, c'est être vierge de sentiments possessifs, surtout à ce stade. La femme est en état de maternité et non de « sa » maternité. Elle devrait donner, éveiller la vie dans la joie, et elle enfante dans la douleur... de voir lui échapper cet être qu'elle savait héberger en elle, incestueusement en elle, c'est-à-dire non chastement, non conformément aux rites vrais.

C'est à ce moment-là que va se trouver évincé le père solaire. La mère prendra alors entièrement sous sa coupe l'enfant, le nourrisson qu'elle voudra tenir, blottir contre elle, faire sien dans tout. Elle voudra le garder pour elle dans son environnement le plus proche et l'empêchera d'évoluer, en le langeant et lui ligotant les pieds. N'est-ce pas ce que le mot « Œdipe » signifie : celui aux pieds liés ?

Le nom que tu portes te vient de ce malheur.
SOPHOCLE. *Œdipe-Roi* Acte II, sc. IV. Le Messager.

STADE LABDACOS

L'enfant, emprisonné dans son emmaillotement, ne pourra rencontrer que sa mère et ne dépendra que d'elle, au travers d'un langage élaboré à son intention, qu'elle seule comprendra. Cette communication à sens unique de l'enfant vers la mère, ce babillage construit sur des séries de ba... ba... ba..., etc..., auquel succèderont les balbutiements et le premier bégayage, ce langage sans structure, constitueront le chant à la mère, que la mère souhaitera et suscitera.

Le Sphinx, aux captieuses énigmes...
Le Sphinx, cet enchanteur implacable...
SOPHOCLE. Œdipe-Roi
Acte I, sc. I.
Le Grand Prêtre.

Et pourtant, ce premier langage sera nécessaire au nourrisson pour préparer la future communication. Il sera le tremplin indispensable à l'enfant pour se libérer du monstre, en puissance de possession, qui le materne. Désinvestie ainsi de sa maternité qui lui échappe et ne sachant s'introduire dans son rôle de mère essentielle, « La Sphinx », éminemment armée de griffes, apparaîtra alors sous son opulente féminité. N'en déplaise à l'adulte, c'est bien le portrait que l'enfant se fait de sa mère, cachée derrière deux gros seins et deux solides bras qui l'enserrent inlassablement.

L'enfant connaît sa dépendance. Il en devine le côté dévoreur, accapareur. Il cherche désespérément à se dissocier de sa partenaire. Il veut s'en détacher. Mais elle est là, qui le tient constamment et inéluctablement dans ses griffes. Chaque jour, elle lui posera la problématique question, de peur qu'il ne lui échappe. S'il reste à quatre pattes et tant qu'il y restera, elle le gardera ; elle le dévorera dans son devenir. Mais s'il se redresse et se tient sur ses deux pattes, s'il entre dans sa verticalité, elle le perdra. Elle le

Et le lit de ma mère, comment ne pas le craindre ?
SOPHOCLE. Œdipe-Roi
Acte II, sc. IV.
Œdipe.

sait. Il devra alors, pour lui échapper, pour grandir, affronter le présent, oublier cet être qu'il était, enferré et dépendant de la mère, de cette énigmatique Sphinx.

STADE LAIOS

Doué dans l'industrie de l'art d'une ingéniosité dépassant toute attente, il se fraie une voie, tantôt vers le mal et tantôt vers le bien.
SOPHOCLE. Antigone
Acte I, sc. V.
Antistrophe II.

Et tandis que celle-ci ira se détruire, il devra se décider à rompre avec l'image qu'il représente, en son primordial langage, en cet élément pénétrant que ce dernier symbolise ; il devra abandonner ainsi l'époux mythique qu'il est devenu, cet époux balbutiant, cet amant bégayant et suspendu à maman. Il lui faudra s'en défaire et, pour grandir, il devra à la croisée des chemins choisir la direction qui le conduira dans l'impasse de ce qu'il est, ou bien celle qui le mènera à son devenir. Il devra ainsi abandonner ce qu'il a été, larguer l'image antérieure du premier satellite, de cet amant fœtal retardé, dépendant, attaché, de ce bègue investi d'un langage non structuré, de ce « Laïos » que la légende désigne comme étant le père. Car « *Laïos* », ce père mythique était bègue ! Lui-même, fils de *Labdacos,* dont le nom évoque le mouvement des lèvres et l'action de téter, il représente symboliquement le bégayage et, en cela, il est le père du futur langage.

Œdipe devra donc se libérer de cet initial langage, celui bâti à l'intention de la mère, pour que, débarrassé ainsi de ce premier « *laïus* », l'Etre nouveau accepte le langage de l'autre. De cet autre qu'il faut rencontrer parce qu'il conduit dans l'univers des grands, cet autre grand... ce « frère » de la mère par son appartenance à la secte, à la caste des grands, à la fraternité des adultes, cet oncle en la circonstance. En fait, le « Créon » de la légende sophocléenne apparaît bien comme celui qui fait pousser, celui qui fait croître, qui conduit dans le devenir. Il répond en réalité à ce que son nom signifie. N'est-il pas de plus le fils de Ménécée, dont le nom évoque déjà les mouvements de l'esprit ? Il n'est autre que le langage sous l'étiquette symbolique du père grammatical, se superposant au père, disons spermatique pour le mieux situer, ou le père nourricier pour être plus proche de la réalité.

ŒDIPE-ROI

Et tandis que l'envol se prépare, alors même que la mère, désinvestie désormais de son rôle de Sphinx, semble accepter cet état de fait imposé par les circonstances, le nouveau venu, cet Œdipe drapé de son langage à peine acquis, tombe dans les rets d'une nouvelle « mère-épouse », d'une Jocaste qui en fera le roi de son palais. Peu importe pour elle s'il s'enorgueillit du langage des autres, s'il se pare du codage des grands ; elle lui laissera d'ailleurs croire que c'est de la langue maternelle dont il fait l'apprentissage. Elle le maintiendra dans sa *domus*, sous sa domination qui s'étendra jusqu'aux abords du lieu où le nouvel investi du langage des hommes — de celui insufflé par Créon et ses pairs — sera tenté de répondre aux appels irrésistibles et profonds d'une conscience que Jocaste essaiera, par mille moyens amoureux, affectifs, de lui ren-

Le meilleur est de vivre, dans la mesure du possible, au gré de la Fortune. Quant à toi, ne t'effraie pas de ce mariage avec ta mère, car nombreux sont déjà les mortels qui ont en songe partagé la couche maternelle. Qui ne tient aucun compte de toutes ces frayeurs, supporte la vie de façon plus allègre.
SOPHOCLE. *Œdipe-Roi*
Acte II, sc. IV.
Jocaste à Œdipe.

Pour nous regagnons le palais ; et sois sûr que je ne ferai rien qui puisse te déplaire.
SOPHOCLE. *Œdipe-Roi*
Acte I, sc. IX.
Jocaste à Œdipe.

116

dre inaccessible. Elle saura ainsi l'empêcher de réagir aux sollicitations de son devenir car elle saura être, comme son nom le signifie, le « joug étoilé ».

Ainsi, l'enfant devra nier désespérément l'évidence qu'il semblera néanmoins entrevoir par éclipse, comme dans la légende sophocléenne et suivant l'oracle de Tirésias qui éblouit de sa limpide véracité. « Tirésias » ne signifie-t-il pas « celui qui raille et qui déchire le voile » ?

Attaché à sa mère qui le veut garder comme époux de sa maternité, le nouveau venu continue ainsi de dépendre d'elle et d'elle seule. Malgré ses allures viriles et ses élans de bravoure, il reste mal à l'aise devant l'éclatante révélation de ce couple insupportable, insoutenable. Il se fixe alors à sa mère par son langage second, celui des grands, qu'il construit pour chanter, pour glorifier son attachement au passé, ce passé où la mère étend ses filets qui limiteront à jamais l'univers de son enfant.

Ainsi, l'inceste se poursuit. La mère garde l'enfant à ses côtés et lui fait payer sa dépendance par toutes les structures qu'elle sait lui imposer, qu'elle sait imprimer en lui et qu'il devra utiliser plus tard pour construire son existence. S'il ne peut s'en détacher, ces structures demeureront, hélas, les seules qu'il connaîtra tout au long de sa vie et qu'il transmettra aux générations suivantes. Avec sa mère, en sa compagnie, ses phantasmes prendront forme ; il enfantera, il construira son devenir, il vivra désormais en s'appuyant sur des montages psychanalytiques préalablement élaborés, sur des neurones déjà saturés de l'image de la mère.

Son langage ainsi établi, émanant d'un système structuré sur les incessants *leitmotiv* vécus, l'Etre naissant se prend à croire en sa notion d'exister au travers des maillons qui se font de plus en plus serrés, de plus en plus compacts. Il ne vit pas toutefois sans ressentir profondément la vanité qui l'oblige à bâtir tout un avenir sur un tel leurre d'indépendance. Il sent, plus qu'il ne saurait le définir et l'exprimer, qu'il est essentiellement dépendant de la mère. Roi chez lui, il l'est en sa mère, en elle qui a su étendre, gonfler son impact utérin jusqu'à lui offrir sa demeure princière.

Il faut bannir un coupable, ou racheter un meurtre par un meurtre, car le sang répandu ravage la cité.
SOPHOCLE. *Œdipe-Roi*
Acte I, sc. I.
Créon.

Œdipe est là, roi dans son palais, aimé et craint, adoré comme l'enfant, redouté comme le tyran. Mais, après les jours heureux de son avènement, tout va s'étioler et s'éteindre autour de lui. Ce palais initialement plein de vie et de joie ne résonne plus qu'aux accents d'un royaume qui se meurt. Tout reste figé auprès du roi abusif, de cet époux de la mère, qui vit sa vie tyranniquement greffée sur la vie du foyer, sur celle du groupe. Mais l'impasse d'un tel présent devra déclencher des modifications profondes dans cette structure où tout est voué à l'immobilisme, à la destruction, à la ruine. L'épidémie de peste, cette somatisation collective, viendra en témoigner.

Apollon a prédit que je devais un jour m'unir à ma mère et verser de mes mains le sang de mon père.
SOPHOCLE. *Œdipe-Roi*
Acte II, sc. IV.
Œdipe.

Il faudra bien se rendre à l'évidence ; et les effets profonds de la conscience, déguisée pour la circonstance en devin puis en diseur d'oracles et enfin en messager, seront autant d'avertissements que l'Etre fera surgir du magma de l'inconscient et dont il faudra reconnaître l'éblouissante signification. S'il n'en est rien, si la libération ne survient pas, la seule issue résolutive restera la mort ou la vie répétitive inconsciemment exécutée.

Mais, si la lumière se fait sur l'éclatante vérité, que l'on attend et redoute à la fois, si la porte s'ouvre sur la conscience, l'Etre pourra enfin prendre son véritable envol.

L'esprit contracté par l'angoisse, secoué par la peur, me voici devant toi,
Dieu de Délos et divin guérisseur,
redoutant le sort que tu me réserves
soit pour aujourd'hui, soit au cours des ans qui vont se dérouler !
Réponds moi, fille de l'Espérance d'or,
ô Parole immortelle !
SOPHOCLE. *Œdipe-Roi*
Acte I, sc. II.
Strophe I.

Poussé par son instinct de vie, Œdipe que son inconscient a si inconfortablement installé dans le confort que l'inconscient de la mère lui a préparé, désire connaître ce qu'il est, tout en redoutant de se perdre. Il va bientôt savoir qu'après avoir été tenu langé, pieds et poings liés dans le lointain univers du nourrisson, après avoir été isolé dans l'ermitage de Cithéron — magnifique évocation de Kistè qui signifie « le panier d'osier, le berceau » — dans le pays merveilleux où seul le berger règne en maître sur les troupeaux, il lui faudra apprendre que cet univers si fabuleux fût-il, est devenu pour lui insuffisant. Il va devoir rompre les premières chaînes, celles qui le soudaient à sa situation première, celles qui l'enferraient dans sa mentalité initiale : les langes tenaient ses pieds, le langage liait son esprit. Œdipe brise ses chaînes, rompt ses fers et élimine son premier « *laïus* », *Laïos* son père mythique, ce bègue historique, ce papa, pipi, popo... du

Que l'un de vous s'en aille et qu'il amène ici ce berger devant moi.
SOPHOCLE. *Œdipe-Roi*
Acte II, sc. IV.
Œdipe.

bégayage. Il lui faudra tuer ce langage pour grandir, ou bien se contenter de rester fixé au stade du bégaiement, ce chant chroniquement servi à la mère, à celle qui fera tout pour éviter le dépassement de cette étape.

Œdipe laisse monter en son cœur mille sujets de craintes exagérées et, au lieu de juger les oracles nouveaux sur la vanité des oracles anciens, il s'abandonne à quiconque lui parle, pourvu qu'on lui dise des choses qui l'effraient.
SOPHOCLE. *Œdipe-Roi*
Acte II, sc. II.
Jocaste.

Après avoir, pour un temps, abandonné en semi-liberté sa trébuchante progéniture, Jocaste s'empressera de tisser le nouvel univers qu'Œdipe devra connaître et qui lui deviendra rapidement insupportable, intolérable, invivable. Tout doit désormais changer pour lui. Tout le passé doit s'éteindre, tout doit rentrer dans l'univers ténébreux de l'inconscient d'où rien n'est jamais sorti, afin que se fasse en lui la lumière. Aveugle à son passé et dirigé par la conscience — cette Antigone profilée sur la toile de fond — Œdipe effacera l'image de son épouse phantasmatique pour la remplacer par celle d'une femme du groupe humain, tandis que le frère de cette épouse mythique, Créon, reprendra sa place en devenant le maître qui fait grandir. Ce dernier vivra enfin auprès de sa femme Eurydice devenue étrangement « celle qui est au loin le double », autre figure lointaine et partagée de Jocaste elle-même.

Ne t'inquiète pas, et tache d'oublier d'aussi vaines paroles.
SOPHOCLE. *Œdipe-Roi*
Acte II, sc. IV.
Jocaste à Œdipe.

Ainsi, pour la seconde fois, la mère aura-t-elle succombé à la tentation d'accaparer son fils. Elle qui aurait dû initialement ne représenter que la Maternité, la mère-créatrice s'érigeant vis-à-vis de l'enfant comme le donneur de vie, a échoué dans sa première mission en refusant d'être uniquement le réceptacle du fils de l'homme. En seconde noce, elle deviendra la mère-femme et ne saura pas davantage, en ce deuxième temps, rester le havre silencieux, l'habitat tranquille, le nid sécurisant. Elle voudra être la mère que l'on aime, que l'on paie de retour par une affection grandissante dans un cocon qui se resserre. Elle voudra être l'unique univers de cet enfant dont elle saura faire un satellite proche et dépendant de son champ de gravitation. Elle verrouillera les orbites sur lesquels ce

Et pourtant, c'est pour ton bien que je parle, te donnant le conseil le meilleur.
SOPHOCLE. *Œdipe-Roi*
Acte II, sc. IV.
Jocaste à Œdipe.

dernier organisera ses révolutions. Il ne pourra à loisir changer sa course sans qu'une surveillance inquiète ne se manifeste chez cette mère arachnoïde qui tendra immédiatement les filets de sa toile, distendue par un mouvement jugé insolite à ses yeux.

DE THEBES A COLONE

Cependant cette idylle ne peut se prolonger ; et bientô
bloqué dans son avancée, tournant en rond, bénéficiar
d'une accélération grandissante, d'une vitalité accrue
notre satellite va rompre ses amarres — ses attaches rela
tionnelles — qui le lient au centre univers-maternel. Dè
lors tout s'ébranle, y compris la liaison maternelle qu
n'est devenue incestueuse que parce que la mère a exig
le paiement en retour, pour retenir le satellite enfant o
l'autoriser à bâtir un devenir sur une structure nécessa
rement irréelle. Les projets au sein d'un tel univers n
manqueront pas de s'élaborer dans l'imagination de l'er
fant ; on sait en effet combien il lui est aisé d'avoir mill
aventures soutenues par le rêve... Que d'Antigone, qu

d'Ismène, que de Polynice, que d'Etéocle vont ainsi s
trouver animés, enfants phantasmatiques évoquant le
concepts de pure conscience ou anti-génitalité, de forme
mentales, d'images de mort et d'images d'au-delà.

Mais comment Œdipe pourra-t-il faire pour changer d
cap, pour se projeter vers la conscience, sans auparavar
larguer l'étage inférieur, sans oublier le passé, sans n
plus rien voir de ce qui fut jusque-là vécu ? Le déchire
ment d'une mère-épouse reste sans conteste le momen
décisif où se fixe le départ de l'aventure aveugle. Œdip
déambulera désormais vers le champ de conscience, l
où nul n'est roi et où tous sont serviteurs. Le chemi
demeurera difficile mais la rencontre se fera enfin ave
celui qui devra lui assurer la paix des derniers instant
Thésée. Œdipe y sera conduit par son rayon de lumière
Antigone, ce nom qui signifie, je le rappelle, « celle qui e
contre (anti) la génitalité (gone) humaine et, par exten
sion, contre la loi des hommes ».

Modèle pour tous, offrant son aventure à qui peut la com
prendre, Œdipe se détache de ses souvenirs, abandonn
les douleurs d'une mémoire paralysante, s'enrichit tou
au long d'une existence parsemée d'épreuves, s'investi
dans sa nouvelle vie à Colone (qui évoque par son non
l'idée d'élévation), celle qui va lui permettre de compren
dre les misères humaines, d'en connaître les mécanismes

d'en déceler les sources, et d'offrir à son hôte les clés de la libération. Thésée, en effet, sera seul semble-t-il, l'héritier de cette somme intégrée de la connaissance de l'Etre. N'a-t-il pas lui-même été choisi comme personnage d'exception pour avoir tué le Minotaure, autre image du Sphinx, et pour avoir lui aussi causé la mort de son père Egée ? Pour Œdipe, et désormais pour Thésée auquel il assure dès cet instant le salut, être, ce n'est plus être ce que l'on a été, mais autre chose dont Œdipe jusqu'alors gardait seul le secret.

On pourrait certes épiloguer longtemps sur ce fameux secret mais avant de m'y aventurer, j'aimerais rapporter ici un conte d'enfant qui se situe non loin du drame sophocléen. Le côté tragique de la légende disparaît sous l'aspect enjoué du langage choisi par la petite fille. Il n'est pas exclu cependant de penser que certains vivront ce conte comme un drame au travers de leurs réactions personnelles mal contrôlées. Ceci me rappelle, en effet, la réflexion que me fit un jour un collègue psychiâtre lorsque je lui soumis le texte de ce conte. Bien que particulièrement rompu aux mécanismes psychologiques de l'enfant, il s'écria avec véhémence et peut-être aussi avec une certaine agressivité à mon égard : « J'aurais été désespéré si j'avais reçu une telle lettre ». A quelle impulsion obéissait-il ? A quelle résonance répondait-il ? A quelle fibre paternelle venait-il de donner le droit de s'exprimer ?

Peut-être le lecteur pourra-t-il à son tour pratiquer l'analyse de ce conte et offrir sa réponse. Dans un second temps, il pourra vérifier les réactions intérieures qui surgiront de ses résonances propres, comme des lames de fond témoignant des résistances sous-jacentes. La tempête est toujours prête à gronder, à obscurcir l'horizon, à soulever les vagues qui viendront troubler la limpidité du flot décanté de sa vase. Tout semble enserrer l'Etre comme s'il lui était, dans sa vie d'homme, impossible d'atteindre l'humain en son essence. A tout moment, il lui faut vivre et n'exister qu'au travers d'un contenu mémorisé en lui, obligatoirement limité, fini et sans avenir évolutif puisque fixé dans une structure non dynamique et depuis longtemps dépassée.

Voici donc ce conte d'enfant. Il s'agit de quelques lignes tapées à la machine par Emmanuelle, âgée alors de 9 ans, et offertes à son papa que je suis, à l'occasion de la fête des pères.

« A Mon PAPA »

Le Petit Eléphant Blanc

C'est un petit éléphant blanc qui n'a plus de maman ; il vit avec son papa, comme moi. Il a un papa qui l'aime beaucoup mais ce n'est pas comme sa maman éléphant. Elle est morte quand il avait trois ans. Cela n'est pas beaucoup — il l'aimait tant.

Des années se passent, son papa fut tué par les chasseurs. Et le petit éléphant se retrouve tout seul dans la jungle sans maman et sans papa. Il était tout triste.

Un jour il se promenait quand il entendit une voix de maman éléphant qu'il connaissait, qui lui dit : « J'ai appris la mort de ton père. Viens vivre avec nous. Tu vivras avec nous. Je t'adopte, veux-tu ? » Je répondis : « Avec plaisir, je vais chercher mes bagages et j'arrive ».

La vie de Monsieur éléphant se passa sans difficultés. Il se maria avec une jolie petite éléphante qui s'appelle Isabelle. Ils eurent trois garçons et trois filles. Ils finirent leur vie à 300 ans et 250 ans.

Ce qui n'est pas mal.

EMMANUELLE.
Signature

Ce récit demande bien entendu quelques commentaires. Tout d'abord il faut préciser qu'Emmanuelle a longtemps souhaité être un garçon, d'où le côté masculin vécu à travers le jeune mâle éléphant. De plus, l'environnement familial a su éveiller chez Emmanuelle la notion d'un certain embonpoint qui la gêne d'ailleurs et qui explique le choix de cet animal rondelet qu'elle peut facilement imaginer, à son âge, blanc et sans tache. Mais les éléments remarquables contenus dans cette histoire d'enfant sont ceux qui révèlent les phénomènes d'identification au héros du conte : « qui n'a plus de maman. Il vit avec son papa comme moi ». C'est d'ailleurs bien à trois ans qu'Emmanuelle a conçu une nouvelle structure relationnelle de laquelle s'est dégagée une certaine autonomie. Elle devait ainsi se libérer de sa maman et adopter son inverse : papa. On se souvient que le terme « papa » ne désigne pas initialement le père en tant que tel, en tant qu'individu nommément désigné. Le mot « papa » est simplement obtenu par le jeu vocalique obtenu lorsque l'enfant ne veut plus dire « maman ». Ce dernier est toujours assimilé à l'acte de succion, de « miam miam », d'émission de sons tandis que les lèvres happent et tètent. Le refus de manger, par satiété mais plus sûrement par rejet de l'*imago* de la mère, de la maman — qui se croit elle aussi désignée — donne par rétraction des lèvres le mot « papa » qui n'est autre, on le voit, que l'inverse phonétique du « maman » initial. Papa sera bientôt pour l'enfant celui qui offre la relation non nutritive par opposition à la relation nutritive essentiellement liée à la mère qui reste celle qui donne la mamelle.

Tu sais parler avec habileté mais moi, je suis mal disposé à t'entendre, car j'ai trouvé en toi un terrible ennemi.
SOPHOCLE. *Œdipe-Roi*
Acte I, sc. VII.
Œdipe à Créon.

Pour revenir à notre conte, nous voyons comment cette relation difficile avec Papa est rapidement éliminée grâce à des chasseurs trouvés sur le chemin — presque providentiellement. Enfin l'entrée en scène de cette voix de femme que l'on connaissait déjà... Le rappel de cette voix imprimée au tréfonds de l'Etre, de cette voix entendue jadis, dans un vécu intense... n'est-ce pas celui que nous savons susciter au travers des sons filtrés ? Cette voix qui propose une famille bâtie sur de nouvelles relations, sur des tensions différentes, ne va-t-elle pas tout changer jusqu'au foyer lui-même ?

Non, c'est ta mort que je veux et non point ton exil.
SOPHOCLE. *Œdipe-Roi*
Acte I, sc. VII.
Œdipe à Créon.

Au cours de ce merveilleux récit, dramatique seulement pour les parents qui se sentent concernés, touchés, attaqués, Emmanuelle bénéficie d'une grande liberté pour exécuter son partenaire, celui qui tient le second bout de sa relation bipolaire, celui que la légende veut que l'on tue. Pourtant il n'y a personne, il n'y a rien à détruire. Il y a seulement à changer les structures relationnelles.

123

Ainsi, pour grandir, l'enfant se voit dans l'obligation de modifier son univers, et il ne peut le faire qu'en changeant le point d'attache sur lequel il va établir sa nouvelle relation, sa relation éducative en somme.

Ta haine, je le vois, ne te fait céder qu'à contre-cœur. Mais tu deviendras à charge de toi-même, lorsque tu seras sorti de ta colère. Des caractères tels que le tien n'appellent sur eux que de justes souffrances.
SOPHOCLE. Œdipe-Roi Acte I, sc. VIII. Créon à Œdipe.

Mais on sait que, pour le jeune enfant, toute relation ne peut être que bipolaire. Au départ, c'est avec la mère et avec elle seule que le dialogue s'établit, puis au fur et à mesure que le temps passe, que la progression se réalise, l'autre qui est au bout de la relation, l'autre que l'enfant, se trouve éliminé, supprimé, effacé, afin que le fil de la communication soit à nouveau branché sur une relation bipolaire ; et c'est ainsi que, de balancement en balancement, de largage en largage, l'enrichissement verbal permet de gravir les échelons qui définissent les différentes étapes à franchir pour que le langage passe de celui du fœtus à celui du nourrisson, de celui du nourrisson à celui de l'enfant, de celui de l'enfant à celui de l'adolescent et enfin à celui de l'adulte.

LE PERE

Parti, avait-il dit, pour consulter l'oracle, il ne revint plus, dès qu'il en fut sorti, au sein de sa demeure.
SOPHOCLE. Œdipe-Roi Acte I, sc. I. Créon (parlant de Laios).

Chacun des langages à abandonner est le père du langage suivant. C'est lui qu'il faut supprimer et non pas le père, en chair et en os, comme on est souvent enclin à le croire. Il est vrai que ce n'est jamais le père en soi qu'il faut éliminer. Il s'agit avant tout de modifier le support d'un placage d'identification que seul le langage risque de susciter. Mais dans cet ensemble réceptionné où tout se mêle, il est évident qu'il devient impossible de discerner, dans l'image du souvenir, ce qui appartient au langage en soi, au vécu ressenti, aux mémorisations associées à tel ou tel fait, à l'ensemble des codages saturant les neurones pour un temps donné.

Laisse-nous et va-t-en.
SOPHOCLE. Œdipe-Roi Acte I, sc. VIII. Œdipe à Créon.

L'éviction du père, l'élimination du père ou le dépassement du père tels que le conçoit le mouvement psychanalytique actuel n'existeraient pas, en fait, dans le concept réel de l'enfant si aucune pression culturelle, sociale, n'intervenait. Le père générateur, on l'a vu, est celui qui accroît l'étincelle de vie, qui devient ensuite le nourricier,

Pas avant, toutefois, que tu ne m'aies montré quelle jalousie je nourris contre toi.
SOPHOCLE. Œdipe-Roi
Acte I, sc. VII.
Créon à Œdipe.

la potée de tous, cette « pappa », cette bouillie, ce biberon collectif que l'on dévore gloutonnement. Mais ce qui est à détruire, c'est cet *imago* du père gréco-latin, porteur et transmetteur du nom, de ce nom qui fige l'évolution dans une statique abusive, ce père investi du droit de vie et de mort, celui qui donne et qui fait payer. C'est ce père-là qui reste victime de son éducation passée. Il a acquis une potentialité de domination pour réagir à l'attitude possessive de la mère. Celle-ci, pour l'avoir et le contraindre à être sien, lui laisse établir une relation tyrannique vis-à-vis d'elle, relation qui deviendra pour le père jaloux le germe de son désir de puissance, inextinguible par la suite.

Plus que la mère, le père devrait comprendre son rôle d'initiateur. Il est l'*initio* dans tout, il est le commencement par sa présence immanente ; il est l'initiale impulsion de chaque étape. Il est là pour aider l'enfant, le fils de l'homme, à se promouvoir dans l'univers et non pas à stagner dans le monde des hommes. Il est là pour l'aider à se détacher de tous les *a priori* de l'existence sociale afin de parvenir à n'avoir plus d'autre filiation, d'autre attache, d'autre relation que celle avec la vie elle-même, avec ce qu'elle est en sa réalité. Il est là pour l'aider à plonger dans son intime évolution sans qu'il y soit aucunement mêlé la mémorisation de vécu enfantin, les souvenirs d'adolescent ou les tracasseries d'adulte. Le père réel de l'homme est l'humain qui préside à sa progression. Pour parvenir à son humanisation, l'enfant doit traverser et dépasser chaque étape, structurée à sa manière pour un temps, pour un moment. C'est au père d'offrir cet aliment collectif, ce savoir, qui doit assurer l'envol du fils de l'homme vers l'univers de vie auquel il est destiné.

Je m'en irai, mais si je pars, méconnu de toi, je reste pour ceux-ci celui qu'ils ont connu.
SOPHOCLE. Œdipe-Roi
Acte I, sc. VIII.
Créon à Œdipe.

Que reste-t-il de l'image du père telle qu'on la conçoit ordinairement ? Peu de choses apparemment, tant que le père voudra s'imposer dans la maison comme le plus fort des macaques. Cependant, son rôle peut être immense s'il comprend qu'il n'est pas ce singe dominateur, mais cet agent transmetteur de l'humain qu'il vient de mettre en action en son enfant. Dès lors son rôle lui permet d'atteindre le sommet de tout ce qu'un homme peut souhaiter : enseigner à l'autre combien la vie vaut la peine d'être vécue, lui révéler la dynamique incessante du *logos,* lui signifier que tout contribue à une même évolution du groupe humain au sein d'une œuvre commune réalisée dans une direction unique. Peu importe les événements, les circonstances difficiles que chacun connaît et traverse. Au-delà de ces épisodes souvent dramatiquement vécus, la compréhension du pourquoi de la vie se cristallise tandis que diminue l'incompréhension du comment de la mort. Peut-être, à l'extrême, le père pourra-t-il expliquer la vie au-delà de la mort. Le passage de vie à trépas, si souverainement admis, n'est-il pas à considérer dans son contrepied qui veut que se perde tout ce qui n'est pas encore vie, tout ce qui est encore opposition et inertie, tout ce qui est alourdi et matière ?

Le père est celui qui tend la nourriture qu'il offre dans tous les domaines. Il est, pour le jeune à éduquer, l'animateur de l'enseignement des choses de la vie ; le transmetteur de la connaissance accumulée. Il éveille, chez l'enfant, au travers du langage, la conscience de son appartenance au groupe social. Il est le verbe agissant. Il est cet apport d'énergie qui fait de lui un élément radieux et solaire, inondant le couple mère-enfant de ses faisceaux de lumière comme le soleil inonde la terre. Si l'adulte a oublié cette image depuis longtemps, l'enfant, lui, ne s'y trompe guère et n'hésite pas à accorder au père ce côté irradiant, faisant de celui-ci le transformateur d'énergie cosmique que les Anciens savaient déjà lui attribuer en l'érigeant, sur le plan symbolique, comme un relais de ce soleil dont l'aurore éclaire notre monde. L'homme devra ainsi jouer son rôle de père doublement linguistique puisque soutenant d'abord l'empathie aimante de la mère à l'adresse de tous et du fœtus en particulier, et initiant ensuite le jeune que le sort lui confie.

Certes, ce rôle n'est pas facile à soutenir. Le père donne et ne reçoit rien en retour. Mais qu'il se console ! Ce retour qu'il souhaite, qu'il espère, qu'il exige souvent, lui revient un jour, mais non au travers d'une boucle relationnelle à court terme. Ce ne sont pas des retombées immédiates, instantanées, de son sacrifice personnel, qu'il doit attendre. Le chemin long et difficile qu'il est appelé à réaliser va lui révéler que ce qu'il donne de manière naturelle, non calculée, non recherchée, dépouillée de domination, de possession, lui vient d'ailleurs, du tréfonds de l'univers auquel il appartient et qui exprime en chaque individualité cette vérité d'action à laquelle s'attache la suprême conscience. Tout recevoir pour tout donner. Tel est le rôle du père. Il recevra plus encore s'il sait, sans meurtrissure, comprendre les abandons qui succèdent dramatiquement au déchirement que le fils de l'homme provoque en lui, chaque fois qu'il cherche sa libération. Son silence aimant sera la grande réponse. Il doit, dans le calme retrouvé, permettre au suivant de traverser l'orage et la tourmente si besoin est. Puis, son rôle accompli, il lui cèdera le pas, la place, afin de poursuivre lui-même son propre chemin et atteindre la dernière étape qui doit lui permettre d'abandonner son corps d'homme.

Marginal text left column:

Oui, sache-le ; il a quitté la vie qu'il a toujours menée.
SOPHOCLE, Œdipe à Colone
Acte II, sc. VIII.
Le Messager.

Eros, invincible Eros, toi qui t'abats sur ceux qui sont dans l'opulence, et qui reposes tout au cours de la nuit sur les tendres joues de la jeune fille, tu vagabondes sur l'étendue des mers et hantes les repaires que les fauves habitent. Nul parmi les Immortels, nul parmi les hommes d'éphémère existence, ne saurait t'éviter : tu rends fou celui que tu possèdes. Tu pousses vers la ruine, les cœurs des justes mêmes en les rendant injustes, et tu viens d'exciter, entre hommes de même sang, ce discordant conflit... Il triomphe et rayonne le désir que provoquent les yeux d'une vierge au désirable lit, et sa force équivaut au pouvoir que détiennent les grandes lois du monde, car Aphrodite, déesse irrésistible, se joue en toute chose.
SOPHOCLE. Antigone
Acte II, sc. I.
Strophe I, Antistrophe II

GONE ET ANTIGONE

Œdipe m'est ainsi apparu, dans cette approche, comme un être enchaîné dans les structures de son organicité conditionnée par une éducation ancestrale ; un être bloqué neuroniquement, soumis à des programmations mémorisées, sans cesse entretenues et insuffisamment renouvelées, considérées par lui comme les éléments essentiels d'une existence, de son existence, qu'il va confondre désormais avec la vie elle-même.

Mais la vie, ainsi entrevue tout au long d'un cheminement constamment encombré, ne serait qu'une succession de drames s'il n'existait, en puissance, le devenir de l'Etre. En un élan de verticalité d'où surgit à vrai dire la tragédie humaine, l'Etre, dans un désir d'entendre au tréfonds de lui-même cet appel vers le champ de conscience et mû par une énergie difficile à réfréner, se sent entraîné dans une gigantesque démarche ascensionnelle. Secouant et abandonnant tous les critères habituels, remettant sans cesse en cause les concepts rigides des dogmes antérieurement imposés, il débouche là même où toute structure semble impossible à concevoir par ses aînés, habitués à appréhender les choses de la vie sur un mode différent. Tout disparaît alors des références de base telles que l'espace, le temps, l'infini, le vide, le néant... Il ne subsiste que le point unique de toute genèse, au-delà duquel tout n'est pour l'Etre humain qu'interrogations et en deçà duquel, en fonction de références imprimées dans les mécanismes de son entendement fortement conditionné, tout n'apparaît qu'indétermination et incertitude. Pourtant, il est de toute évidence qu'il ne peut y avoir, à l'échelle des lois qui président au déroulement du devenir cosmique, aucun doute ni aucune indécision. L'indépendance phénoménologique observée ne peut être que l'apparence évidente des limitations qui bloquent les processus d'intégration relatifs aux structures neuroniques exploitées par l'homme. Seul l'univers, en effet, peut prétendre développer sa progression sur la courbe de sa procession céleste, en pure intelligence, en essentielle conscience, obéissant sans équivoque à l'initiale impulsion.

Respecte aussi celui qui n'est plus un enfant et que vient de grandir le serment qu'il a fait.
SOPHOCLE. *Œdipe-Roi*
Acte I, sc. VIII.
Le Coryphée.

L'homme semble avoir été choisi pour participer à cette envolée ; mais encore faut-il qu'il se laisse pénétrer par l'énergie même qui mobilise le tout, et qu'il demeure à chaque instant capable d'en reconnaître la source. De ce point initial, l'humain paraît se manifester comme émanant de la conscience du cosmos, c'est-à-dire de la vie qui anime l'univers.

Il reste, certes, un long chemin à parcourir avant que l'on puisse définir cet Etre, en fonction des données de la science et de la psychologie. Qu'importe. L'essentiel n'est-il pas de sentir, même confusément, l'existence d'une réalité se cachant derrière le rideau de l'illusion que représente l'homme d'aujourd'hui ? Les données référentielles qui permettraient de définir cette entité ne sont nullement concevables au travers des connaissances actuelles que des *a priori* ont solidement fixées à tel ou tel point d'amarre. Mais la science, à mesure qu'elle absorbe dans son officialité ce qui, quelque temps auparavant, la faisait vociférer sous d'accablants anathèmes, se voit aujourd'hui contrainte de remettre en cause les bases mêmes de ses acquisitions. Celles-ci, emmagasinées dans un temple dont la fixité n'a pu échapper au pouvoir dynamisant de l'évolution universelle, doivent aujourd'hui être révisées. Cependant à peine est-il permis au chercheur de notre époque de changer de plan pour élargir son horizon, modifier son approche et déplacer le centre de son domaine d'investigations, en vue de retrouver ce point unique.

Toutefois, avant de remonter jusqu'au support des supports, l'homme devra continuer d'affronter le matériau lui-même muni de ses axes tridimensionnels. Dans ce monde de la forme, bien pauvre il est vrai mais si sécurisant en ce qu'il offre de logique, de solide, de neuroniquement imité, l'homme devra, au travers d'un enseignement pour le moins positiviste, y trouver la base de la réalité.

Mais que de myriades de réalités fragmentaires lui faudra-t-il accepter au nom de cette science avant d'atteindre cette évanescente muraille de l'illusion qui le sépare du monde de l'expression même de la vérité unitaire. Les passeports scientifiques interdisent encore l'approche d'un tel monde et, *a fortiori,* empêchent toute pénétration dans une quelconque partie de cet univers.

Cependant cette vérité, l'essence de cette réalité si recherchée, siège bien au-delà du rideau tissé par Maya, au-delà même de cette indétermination et de cette incertitude qui demeurent les derniers bastions de nos concepts habituels. Ceux-ci n'apparaissent-ils pas, en fait, comme tressés en des maillons trop lâches pour retenir, dans le crible ainsi offert, cette agissante énergie unitaire ? Et pourtant cette dernière ne distribue-t-elle pas la vie de manière indifférenciée à chaque parcelle, une, seule et unique, au risque même de voir chacune de ces particules prétendre à un pouvoir d'individualité ?

Ainsi, de cascade en cascade, depuis l'immatériel jusqu'au matériel, l'homme finit, selon ce processus, par devenir une antenne dirigée par le Cosmos dans la matière et non pas comme il le prétend, une tête détectrice surgissant du limon de la terre pour définir scientifiquement l'univers. Dans la première perspective, le risque paraît être l'image prométhéenne transmettant, sous le regard des cieux condamnateurs, la notion de vie, d'énergie, de feu et de lumière ; dans la seconde façon d'aborder l'aventure, il se manifeste comme la douloureuse épopée de la progression tragique d'Œdipe. Il semble alors aussi pénible à Dieu de descendre vers l'homme qu'à l'homme d'accéder au divin.

Ce qui ressort avec certitude de ces alternatives est la nécessité d'une notion évolutive de l'humain dans l'homme, au sein d'un univers essentiellement dynamique, en incessante progression. Mais la prise de conscience de la pénétration de l'énergie cosmique dans l'organique enveloppe que représente la coque de l'homme, ne semble pas pouvoir rapidement émerger, tant elle exige un cheminement diamétralement opposé à celui inscrit dans les traditions depuis des temps immémoriaux. Il en ressort toutefois une image du « je » impressionnante d'évidence énergétique, d'immanente conscience, que ne peut offrir en aucune manière l'*ego* issu de l'inconscient. Celui-ci, aussi délavé et dépouillé qu'il puisse être du « moi » après un long chemin d'apprentissage de non projection, ne reste-t-il pas toujours plaqué sur ses particules organiques constitutives comme une étiquette sur un paquet ou un parfum sur son support ?

C'est pourquoi, l'homme, lorsqu'il se trouve démuni de cette notion d'humanisation énergétisante et inductive, fait de son vécu, durant un laps de temps plus ou moins long et souvent pendant une existence entière, un modèle répétitif élaboré parfois dans un cadre doré, mais toujours sans issue. C'est alors une tournée en rond, un cycle désespérément semblable à lui-même, empreint d'une potentialité toujours accrue mais incorrectement utilisée parce que mal dirigée, qui vont engendrer des déséquilibres bousculant l'ordre des choses à partir de nouvelles impulsions. Et tant que l'homme s'attribuera à lui-même le fruit de son génie et qu'il se parera du pouvoir d'allumer l'étincelle de ce monde de créativité, il sera voué à ne trouver aucune signification à la vie qu'il confondra désespérément avec le non-sens et la futilité de l'existence.

Cependant, le départ de notre satellite fœtal projeté dans l'univers des hommes, révèle la présence d'une colossale

O lumière invisible !...
C'est aujourd'hui pour
la dernière fois que tu
touches mon front ! Je
marche de ce pas vers
la fin de ma vie, et je
vais m'engloutir dans la
maison d'Hadès.
SOPHOCLE. *Œdipe à Colone*
Acte II, sc. VI.
Œdipe.

potentialité mise à sa disposition pour lui permettre de lutter contre la viscosité du milieu ambiant et pour lui donner la possibilité de ne pas finir englué dans les miasmes des marécages humains. D'emblée la verticalité apparaît chez lui comme le seul objectif à atteindre, comme s'il répondait à l'appel de la force inductrice à laquelle il est intimement et inéluctablement lié. Mais sa progression ascensionnelle se trouve vite bloquée par l'éducation que lui donnent ses aînés, dans une démarche socio-culturelle emplie de leur puissance égotique. Ils ne peuvent supporter de laisser inexpliqués ces actes premiers de la vie si instinctivement produits et si nécessaires, si harmonieusement accordés à l'univers lui-même et qui, de surcroît, n'émanent pas de leur propre génie.

Cette idée de dépendance aux énergies et aux horloges du temps sidéral, donne à l'homme une si prestigieuse démesure qu'elle l'oblige, tandis que s'élabore la complexification neuronique de son système d'intégration, à intellectualiser tous les actes automatiques qu'il s'ingénie à mettre sous sa prétendue direction, comme émanant de sa propre volonté. Ce « Moi », ce phantasmatique « lui-même », ironiquement indépendant, lui échappe à tous moments, tandis qu'il prétend assujettir à son bon vouloir une évolution systématique dont il croit faussement devenir le maître. Il peut alors greffer, sur ces mécanismes qui se rient initialement de ses dires, les structures d'un inconscient dont il a si fortement cérébralisé les systèmes que l'ensemble des mouvements préréglés et préétablis s'en trouve gêné, freiné, bloqué.

Dès lors, l'inconscient se construit avec d'autant plus de puissance et de richesse, de raffinement et d'enchevêtrement, que la structure égotique initiale se développe et s'implante solidement. Si bien qu'aucune information du vécu automatique puis de l'acquis sensible ne passera hors du canal de focalisation que lui offre cet ensemble de systèmes égocentrés, non plus qu'aucune décision corticale ne pourra éviter en retour le cheminement de cette filière. L'énergie environnante, la vie en fait, ne sera donc là que pour alimenter une coque laissant s'agiter son contenu comme si celui-ci était un univers en soi. Mais ne s'agira-t-il pas alors uniquement d'un microcosme voué à s'aliéner progressivement, dans la mesure où il refusera d'entrer en résonance avec l'univers pris dans sa totalité ? Cette cellule isolée pourra certes s'étendre à la famille, au groupe social, mais celui-ci n'en sera pas moins séparé de la marche de l'univers qui lui seul, comme je le disais plus haut sans équivoque, obéit à la vie qui l'anime. Lui seul n'a pas besoin de se référer à son existence pour être. Il est. Et l'homme ne sait pas être. Il veut être par lui-même ; il veut modifier chacune des structures et chacune des étapes de son existence qui, ainsi, l'éloignent de la vie.

Toi qui pourtant vois clair, tu ne vois pas le malheur qui t'accable ni dans quels lieux tu résides, ni avec qui tu demeures.
SOPHOCLE. *Œdipe-Roi* Acte I, sc. IV. Tirésias.

L'inconscient s'érige au départ comme l'intellectualisation, en soi explicative et pour le groupe environnant significative, d'actes qui se produisent constamment et inéluctablement parce qu'obéissant à des lois de la nature. Citons par exemple, la nutrition, les sécrétions glandulaires, l'évolution du système nerveux dont la maturation entraîne la progression de la motricité, de l'habileté, de la dextérité, etc., autant d'éléments que l'homme veut marquer du sceau de son propre génie, ne souffrant pas que quelque événement échappe au contrôle de son ego. Le pire aveuglement dans cette démarche consiste pour lui à croire en la réalité de cette absurdité.

Sur cette première couche d'un inconscient primitif, basé sur l'interprétation égotique des rythmes et des cycles de la vie, se greffent les intégrations égocentriques du vécu quotidien qui subit la même réestimation, en fonction du point central du « Moi » qui siège au sein même de l'ego. Au surplus, de manière non moins égotiquement perçue et, par là même, de façon non moins erronée, s'intègreront les « sur-Moi » environnants familiaux, sociaux, éducatifs, culturaux, ethniques... en une sorte de surcharge folklorique.

Nombreuses sont les merveilles du monde mais rien ne se trouve être plus merveilleux que l'homme.
SOPHOCLE. *Antigone* Acte I, sc. V, strophe I.

Comment, dans cet amoncellement, l'Etre peut-il survivre ? Sans doute est-ce là le miracle. La joie de vivre subsiste dans le tréfonds de chaque Etre, du moins pour un moment, tout comme le miroir reflète sans distorsion le rayon de lumière en un instant unique. Tout le reste, en dehors de ce faisceau, le seul capable d'inonder l'Etre et de le rendre radieux, rayonnant, tout le reste ne sera que le fruit d'une logique humaine de plus en plus élaborée et puissante. Et celle-ci se révélera vite aberrante parce qu'issue de l'inconscient qui n'est, rappelons-le, qu'une traduction intellectualisée de l'ensemble intégré à partir des forces innées. Origine de la vitalité transmise, il semblera surgir désormais de la chair même de l'homme que la vie, considérée sous son aspect essentiellement énergétique, a fait se structurer.

Il s'est instruit dans l'art de la parole, de la pensée subtile et des lois qui régissent les villes. Il a su s'abriter du plein air, se garer des frimas inhospitaliers et des atteintes des violentes averses. Ayant ressource à tout, il n'avance sans ressource vers rien de ce que peut ménager l'avenir. Mais s'il a su échapper aux maladies incurables, il restera sans recours pour échapper à la mort.
SOPHOCLE. *Antigone* Acte I, sc. v, strophe II.

Miracle d'équilibre, l'homme peut devenir ce monstre largué dans l'espace, qui se croit autonome parce qu'il ne croit qu'en lui ou qu'en ce qu'on lui enseigne, et qui arrive, à la fin de son voyage existentiel, désespéré de voir sa course terminée sans qu'il en ait entrevu la signification. Il aura été sa propre soucoupe volante ou celle d'un groupe forcément restreint par rapport à l'univers lui-même. Il n'aura pas un seul instant ressenti, ou peut-être seulement par éclair, qu'il était capable, tel un satellite capteur, d'emmagasiner, de refléter, de transformer humainement cette énergie qui lui était offerte. Et le plus souvent il mourra sans avoir compris qu'il était l'énergie elle-même, centrée pour un moment sur ce miroir de transformation qu'est l'homme en son devenir humain.

Colone ! Ce pays aux superbes chevaux ; dans lequel, étranger, tu viens de pénétrer, est celui de Colone au sol éblouissant, le plus attrayant des séjours de la terre.
SOPHOCLE. *Œdipe à Colone* Acte I, sc. IX, strophe I. Le Chœur.

La règle veut que, pour sentir et vivre la réalité de ce concept, il faille exister d'une certaine manière, précisément celle que l'épisode œdipien porte à notre connaissance. C'est cela que Sophocle voulait signifier. Qu'importe si la voie est parsemée d'embûches, de barrages, et si le sentier semble découvert au hasard, dans le labyrinthe où peut surgir, à chaque recoin du dédale, un Minotaure inassouvi. Notre embryon d'humain, tellement isolé du Cosmos dans le ventre de sa mère, lié à elle par les lourdes chaînes affectives, va devoir au cours d'un long et dur cheminement se libérer de ces cordons dorés qui n'en demeurent pas moins de pesantes entraves. Et s'il parvient enfin à réaliser son envol dans les sphères où il connaîtra la libération de ces contraintes, il pourra alors vivre l'instant qui s'écoule, dans les différents plans d'objectivation qui lui sont toujours offerts et sans qu'aucune subjectivité ne vienne opacifier l'horizon. Il deviendra source de vie, puissance de vie permanente, et non source d'existence, seule porteuse de la notion de mort. La mort ne peut s'opposer qu'à l'existence et non pas à la vie. Seule l'ignorance de la conscience peut empêcher l'homme de sortir de l'existence et risquer de l'acheminer vers une mort incomprise. Il assistera alors au défilement inconscient de son existence, tout en appréhendant la vieillesse et la mort. Tandis que l'humain en voie de réalisation regardera la vie se dérouler en pleine conscience et chaque jour plus intensément, profitant de vieillir pour saisir davantage les mystères de la vie.

Sophocle, au travers d'Œdipe, nous révèle ce qu'il faut subir et connaître, ce qu'il faut vaincre et franchir pour se dépouiller des riches apparats du royaume de l'enfance, pour se soulager du fardeau des ancestrales coutumes, pour atteindre le plan de la sérénité et aborder la fin dans la paix méritée. A ce niveau seulement, il est possible de réaliser le saut terminal, l'abandon de cette chair qui, au sein de la matière organique, aura permis à la vie de se réfléchir comme dans un miroir et de se transformer en une organicité dans laquelle elle aura peut-être la bonne fortune de se refléter à nouveau. Seul Thésée, l'hôte hospitalier de Colone, connaîtra, comme l'initié, le fabuleux passage qui libère l'homme de son existence pour le plonger dans l'état de plénitude qu'apporte la raison de vivre.

Ce passage n'est-il pas le secret ? Ne représente-t-il pas de toute évidence le champ conscient dès que la vie se substitue à l'existence, cette vie sans discontinuité au-delà et en deçà de toute durée humaine ? La mort n'est plus ainsi que la limitation de l'existence de l'homme, tandis que la vie, qui n'a pas d'antagonisme, demeure la manifestation sans fin d'une énergie inépuisable, intemporelle, et siégeant au-delà de toute pensée conceptuelle qui veut la définir.

Abandonner l'existence et n'être désormais que la vie, délier tous les nœuds pour obtenir la libération, voilà ce que semble nous proposer Œdipe. Que la descente dans l'empire d'Hadès se fasse dépouillé de cette chair encore

---

Tout à l'heure, sans main pour me guider, je te conduirai où il faut que je meure.
SOPHOCLE. *Œdipe à Colone*
Acte II, sc. VI.
Œdipe à Thésée.

Il est mort, comme il le souhaitait...
SOPHOCLE. *Œdipe à Colone*
Acte II, sc. IX.
Antigone.

Que Thésée seul, qui a le droit d'apprendre ce qui va se passer, demeure auprès de moi.
SOPHOCLE. *Œdipe à Colone*
Acte II, sc. VIII.
Œdipe.

Cet inviolable, cet auguste secret, tu l'apprendras toi-même, lorsque tu m'auras seul accompagné là-bas... Garde-le toujours en ta mémoire. Et, une fois parvenu au terme de ta vie, ne le découvre qu'au plus digne de te succéder.
SOPHOCLE. *Œdipe à Colone*
Acte II, sc. VII.
Œdipe à Thésée.

De mon corps miséreux, je t'apporte le don. A le voir, il n'a rien d'estimable ; mais les avantages qu'il te procurera sont plus précieux que la beauté n'est grande.
SOPHOCLE. *Œdipe à Colone*
Acte I, sc. VIII.
Œdipe à Thésée.

toute imprimée et imprégnée du moi qu'un inconscient résiduel semble encore conditionner. Mourir, c'est dès lors sortir de l'existence pour entrer dans la vie.

Cette proposition, si paradoxale de prime abord et si proche de la démarche messianique christique, n'en demeure pas moins dans sa réalisation — si tant est qu'elle puisse être réalisable — une technique de déconditionnement qui, en bien des points, semble dépasser la mesure de l'homme.

Mais au cours du temps le besoin de vivre une vraie vie se fait sentir d'une façon de plus en plus aiguisée, sur un mode de plus en plus accéléré. Et, bien que la tragédie grecque semble avoir été bâtie essentiellement sur des thèmes bien spécifiques maintes fois repris et décryptés depuis Homère et Archiloque jusqu'à Euripide, en passant par Eschyle et Sophocle, il paraît indispensable de rappeler que, parmi les propos humains visant à la réalisation de l'Etre, la plupart d'entre-eux ont toujours débouché sur d'idéales démarches, entrevues comme d'exceptionnelles conduites à tenir au travers de filières le plus souvent ascétiques. Que ce soit par exemple, le combat d'Ajurna épaulé par Krishna, lumière de sa conscience ; que ce soit les légendaires conflits siégeant au sein même de l'Olympe où le sommet de la conscience humaine, en l'image de Zeus symbole de lumière, s'acharne à détruire son générateur, le temps, pour accéder à Jupiter ou « Dieu le Père » ou *Zeus Pater* ; que ce soit la progression biblique depuis la Genèse, avec Adam surgissant du limon, animé par le souffle, jusqu'à l'apparition de la conscience unique faite homme en l'image Christique, après Dieu sait quelles luttes entre la matière et l'esprit afin que, sur les déchets et les résidus, surgisse l'Etre

Apollon expressément nous ordonne de délivrer cette terre en chassant la souillure qu'a nourrie ce pays, et de ne point la laisser grandir jusqu'à ce qu'elle soit devenue sans remède.
Sophocle. *Œdipe-Roi* Acte I, sc. I. Créon.

humain ; qu'il s'agisse d'autres thèmes plus lointains, toutes les propositions tiennent à démontrer qu'au travers du drame de l'existence humaine, la Tragédie se dessine dès que se manifeste la poussée irrésistible d'un espoir en la progression de l'Etre. Pour certains, et pour certains seulement, cet espoir deviendra absolue certitude.

Cette dualité permanente, ce balancement inconscient et idéaliste de fond, rappellent étrangement ce que Nietzsche laissait entrevoir dans son étude sur la naissance de la Tragédie. L'antagonisme puis l'association entre les deux faces de l'Etre réalisés alternativement selon les dominantes du moment, vont toujours le faire osciller entre son côté dyonisiaque et son côté apollinien. Non sans risquer d'ailleurs de faire surgir les signes extrêmes de ces deux tendances, sous la truculente expression de l'ivresse orgiaque de Bacchus d'un côté ou la froide rigidité de la rectitude apollinienne de l'autre. Nous nous éloignons ici du point de vue introduit par Nietzsche, en ce sens que nous pensons qu'il s'agit d'une même et unique force qui anime les deux tempéraments exacerbés, comme si un même souffle de vie créait et allumait les deux souffles d'existence. L'un répond à l'énergie intégrée et assimilée à l'ego sous-jacent, au niveau d'une créativité personnelle, égocentrique, entraînant la prolifération du moi et cependant essentielle, subjective et rapidement antiartistique, comme le fait remarquer Nietzsche. L'autre révèle le côté « médium » de l'Etre dont la créativité s'apparente à l'essence même de l'art, au moment où elle traduit son unisson avec l'harmonie de la conscience cosmique, qui seule apparaît dès lors capable d'utiliser l'Etre comme machine à transcrire, à dicter en quelque sorte. Mais si perfectionné que cet appareil psycho-organique puisse sembler, il se révèle toujours difficile à manier tant il risque à tout moment de se livrer au désir de prétendre exister.

Le peuple agile des oiseaux légers, l'homme industrieux l'enveloppe et l'enlève ; et la race redoutable des fauves et les générations marines de la mer sont par lui capturées dans les replis de ses filets tissés. Il se rend maître aussi par son adresse de la bête indomptée qui erre sur les monts ; et le cheval au cou velu, il le soumet à l'étreinte du joug ainsi que le fougueux taureau de la montagne. SOPHOCLE. *Antigone* Acte I, sc. v. Antistrophe I.

N'est-il pas normal, en fait, de penser que, lors de cette évolution sinusoïdale qui subit alternativement des ampliations et des effacements, l'inconscient puisse intégrer et cérébraliser tant de phantasmes, tant de symboles de vie, pendant une existence vécue dans un contexte encore si proche de la nature ? N'est-il pas non plus normal de penser que, à un stade plus avancé, chez un peuple particulièrement doué et utilisant un système nerveux très élaboré, l'éthique de vie puisse s'organiser au niveau d'une recherche plus épurée, empreinte de lumière, de conscience, proche de la beauté en son essence jusqu'à n'être plus que cette dernière ? Cette essence est la vie. Le reste n'est qu'agitation provoquée par la vie.

L'un n'empêche pas l'autre, mais l'essentiel pour l'homme est d'en comprendre les mécanismes. Il semble bon de préciser ici que, sans vie, c'est-à-dire sans conscience, il ne peut exister d'inconscient et que, si seul l'inconscient devait se manifester, il ne pourrait le faire sans que la vie soit présente. Par contre, la conscience, manifestation essentielle de la vie, peut très bien être et subsister sans qu'il soit nécessaire à l'inconscient d'exister. C'est ce dernier que l'on doit identifier à l'existence ; c'est lui qui, par ses pulsions phantasmatiquement intégrées, par ses manifestations les plus diverses, meuble la fresque de ce que l'homme appelle son existence et souvent, de manière erronée, sa vie. Tandis que lorsqu'il n'y a plus de phantasme surajouté, lorsqu'il n'y a plus de manque, lorsque la conscience emplit et éclaire tout le parcours de la vie de l'homme, cette dernière devient la vie au sens exact du mot. Elle n'est que la vie. Le « Je suis la vie » christique évoque alors vraiment la notion de l'Etre sans inconscient exprimé ou à exprimer.

Je voue ce malheureux à misérablement traîner dans la misère une vie misérable.
SOPHOCLE. Œdipe-Roi Acte I, sc. III.
Œdipe.

Aucun ami ne lui servait de guide, et c'était lui-même qui nous conduisait tous.
SOPHOCLE. Œdipe à Colone Acte II, sc. VIII.
Le Messager.

Œdipe, en effet, a été rappelé sans gémir, sans souffrir d'aucune maladie, comme un homme, s'il en fut jamais un, qui s'en alla d'une façon merveilleuse.
SOPHOCLE. Œdipe à Colone Acte II, sc. VIII.
Le Messager.

Lorsque nous assistons aux derniers moments de l'existence d'Œdipe, qui semble enfin avoir rencontré la paix, sous les murs de Colone, nous nous trouvons ainsi en présence d'un être déconditionné qui, après avoir résisté à tous les assauts de la vie, se trouve enfin dépouillé de toute projection. Dans le propos sophocléen, l'Etre est appréhendé au départ dans sa forme inconsciente alors même qu'il sort du ventre de la mère, comme Adam surgit de l'humus, des miasmes et de l'eau. Puis il s'achemine au travers de son langage progressivement épuré, vers l'épanouissement que suscite l'immense potentialité émanant du processus d'humanisation.

Il ne s'agit nullement, bien sûr, d'opposer l'inconscient initial à la conscience mais au contraire de mettre en évidence un inconscient qui, lorsqu'il s'exprime et atteint son sommet, devient soudainement lumineux, éclairé en quelque sorte par le champ conscient. Ainsi l'inconscient mis à nu se manifeste-t-il par quelques pics que l'éblouissante lumière finit toujours par révéler sous forme de cimes arides, asséchées, inconfortables, isolées, destinées uniquement, telles des bornes sur une route, à fixer les différentes étapes de l'existence.

L'étonnante dispersion de cet ensemble dénudé, l'affolante multitude des aires progressivement inventoriées, l'inquiétante incongruité de leur rapprochement au nom d'une logique interne, font naître le besoin de donner à ces éléments disparates un dénominateur commun. Celui-ci résidera essentiellement, quelle que soit la façon avec laquelle on tentera d'accéder à la solution du problème, dans la dynamique qui seule peut assurer le défilement de toutes ces structures bigarrées, symphoniquement accordées à des résonances de fonds parfois insoupçonnées. Elle seule est capable d'agiter, dans le magma organique, les pulsions greffées sur quelques conditionnements fort anciens et sortant parfois comme une fausse note d'un orchestre mal dirigé. Puis le temps aidant, le champ conscient s'élargissant, cette dynamique apparaît alors comme étant la vie elle-même que la manifestation psychologique intègre sous forme de conscience. Le calme et la rectitude d'une course céleste vont alors remplacer la démentielle incertitude née de l'agitation provoquée par les pulsions intégrées d'une riche nature en mouvement. L'ordre cosmique qui représente la vie elle-même, avec son ampleur infinie, ses rythmes sans fin, vient alors se superposer à la manifestation première organique profonde qui a certes son sens, sa mesure, ses limites et sa nécessité inhérente à l'éducation reçue, mais qui n'est en fait que la manifestation de la vie pénétrant le magma volcaniquement agité.

Ainsi, par imbibition de l'animal dans lequel il se trouve installé, l'Etre s'ingénie à interpréter tragiquement chacune des étapes de son évolution, plutôt que de s'ouvrir au monde, dans un sentiment d'expansion maximale comme semble le souhaiter l'arbre qui croît. L'homme progresse presque malgré lui, anéanti à l'idée de grandir et se prenant à penser qu'il commet, ce faisant, les plus abominables crimes, les plus noirs incestes et les plus sombres atrocités. Il ne s'agit cependant que de modifications structurales de son langage à différents stades, chacun d'entre eux apparaissant comme une entité par lui personnifiée. L'homme n'a-t-il pas été jusqu'à donner figure humaine à Dieu lui-même, initialement si proche de ces colossales énergies de feu et de lumière ? Cette sorte d'an-

Cessez vos pleurs, et ne prolongez plus votre lamentation, car tout a eu son accomplissement.
SOPHOCLE. Œdipe à Colone
Acte II, sc. IX.
Le Coryphée.

thropomorphisme projeté ne lui est-elle pas nécessaire pour entamer le dialogue ?

Quoi qu'il en soit, à chaque étape qui permet à l'Etre de se réaliser et d'avancer vers les cimes qu'il peut et doit atteindre, l'homme porteur des dons si généreusement mis à sa disposition, rechigne à changer d'habit, d'enveloppe, pour aller plus loin. Et non seulement il s'y refuse farouchement, mais encore il se plaît à empêcher son voisin ou son homologue de s'engager dans une telle voie. Cependant, lorsque ce dernier décide de poursuivre ce chemin, il doit affronter les foudres de ses congénères qu'il dérange en se dépouillant des conditionnements antérieurs. Ces derniers ne sont en fait que ceux du groupe et ne répondent en réalité qu'à l'image sociale et culturelle imprimée si fortement dans les projections qui constituent tout le savoir des grands.

J'aimerais présenter ici une étude de cas, pour essayer de mieux faire comprendre ce que je veux signifier dans la dernière partie du paragraphe précédant et concernant les conditionnements sociaux. Un jeune homme fut un jour présenté à ma consultation, il y a de cela environ trois ans, envoyé par le Ministrère de la Justice d'une ville de province, sous l'impulsion d'une Inspectrice de l'Education Nationale spécialement orientée sur les Arts Plastiques. Cette Inspectrice avait en effet détecté chez ce jeune âgé de 17 ans des dons artistiques exceptionnels qu'elle aurait aimé voir développer mais qu'une incompatibilité sociale rendait impossible du fait que ce garçon avait été, pour des raisons d'ordre caractériel, éliminé du groupe social. Je n'insisterai pas ici sur les circonstances de ce rejet bien qu'elles méritent un livre à elles seules. Ce que j'aimerais rapporter simplement est une observation faite pendant la cure d'éducation audio-vocale (1) dont ce jeune garçon bénéficia dans mes services pendant quelques semaines. Au cours des différents entretiens que j'eus avec lui, il me fit part à plusieurs reprises d'un rêve qu'il faisait très fréquemment, du genre répétitif, un de ces rêves leitmotiv dont il exprimait si fortement le

Allons !, misérable Œdipe, reviens dans ta patrie. Le peuple de tous les Cadméens t'appelle justement, et moi, plus que tout autre, car tu sais bien, vieillard, qu'à moins d'être le plus insensible des hommes, je dois avoir le plus à souffrir de tes maux.
SOPHOCLE. *Œdipe à Colone*
Acte I, sc. X.
Créon à Œdipe.

(1) Cette technique est décrite dans l'ouvrage « Education et Dyslexie », A. TOMATIS, Ed. E S F Paris 1972.

139

déroulement dramatique qu'il me donnait à chaque fois l'impression de le revivre avec l'intensité d'une scène vécue réellement. Au cours de ce rêve, il se trouvait, disait-il, dans une immense avenue fortement ensoleillée, bordée d'arbres feuillus et verdoyants, animée par une foule joyeuse, vivante, active, dynamique, allant et venant tout au long de cette avenue au sommet de laquelle se trouvait une splendide cathédrale, dominant le tout de son fronton resplendissant à l'italienne. Subitement, tandis que la fête dominicale se poursuivait, un événement inattendu, difficile à définir, monstrueux, bouleversant, se produisait, changeant ce tableau si vivant en un désert angoissant. Le ciel s'obscurcissait, la cathédrale fermait ses portes et se taisait comme endeuillée, les arbres se dépouillaient de leurs feuilles, les gens s'enfuyaient, les fenêtres se fermaient et, dans cette atmosphère désolante, s'avançait à droite un homme vêtu d'un collant noir et descendant vers notre jeune rêveur, devenu pétrifié, médusé, suffoquant, incapable de s'enfuir, désespérément bloqué, et bientôt réveillé dans un cri de douleur et d'effroi, suivi toujours de la même phrase : « C'est le mal qui entre en moi. »

Sans vouloir trop insister sur l'analyse de ce rêve, j'aimerais apporter quelques suggestions, quelques réflexions personnelles : la cathédrale représente bien sûr la mère ; la scène première est le retour vers elle avec toute la joie et l'enthousiasme de l'enfant qui va la retrouver ; l'image dramatique désigne le père, jaloux, tragiquement drapé dans ses vêtements diaboliques, empêchant l'enfant de retrouver sa mère et lui insufflant le « mal » qu'il représente...

Or, cet adolescent était orphelin de père et de mère depuis l'âge de 17 mois. Je laisse au lecteur le soin de réfléchir sur la puissance de l'imprégnation socio-culturelle qui peut, à elle seule, circonvenir le devenir de l'être dans le message que le groupe social lui transmet, grâce aux projections que celui-ci a intégrées et qu'il exsude sous toutes les formes de l'initiation éducative et, par conséquent, au travers du langage lui-même.

*
* *

Cette progression de l'Etre telle que je l'ai située tout au long de ce chapitre et qui me semble être celle que devrait adopter tout homme à la recherche de sa réalisation, relève bien entendu d'une opinion strictement personnelle. Je conçois fort bien que d'autres hypothèses puissent être émises, d'autant plus que les voies évolutives deviennent de plus en plus multiples et diverses. Mais ce qui importe à mon sens, c'est qu'il y ait progression, et cela quel que soit le cheminement choisi.

Ce que j'ai voulu mettre en exergue dans ce chapitre est le parallélisme évident qui existe entre l'évolution de l'Etre et la progression de son langage. Les changements successifs, même s'ils sont symboliquement et dramatiquement vécus, demeurent nécessaires pour que l'Etre puisse s'accroître dans une nouvelle carapace structurale, linguistique dans laquelle il s'installera pour un temps avant de muer, comme le Goulème dut changer de peau, de corps, d'état, pour devenir l'Etre idéal sous-jacent.

Les saynètes d'élimination, avec leurs placages liés aux mémorisations, demeurent nécessaires et apparaissent donc confondues dans l'esprit de l'enfant avec Maman et Papa qui sont les fabricants et les transmetteurs inconscients de ces structures primitives. Aussi, ces crimes symboliques s'avèrent-ils nécessaires pour que l'enfant puisse changer de peau, sortir du cocon maternel, puis de la chrysalide paternelle. Sans quoi la pathologie le guette pour le mener vers un état de fixation à la psychose dans le premier temps, ou à la névrose dans le second stade. Dès lors, l'univers problématique isolé s'organise, d'allure rapidement concentrationnaire, illogique, sans issue, sans raison et sans vie.

Je ne suis point née pour partager la haine, mais l'amour.
SOPHOCLE. *Antigone*
Acte I, sc. VII.
Antigone à Créon.

C'est ainsi que je considère l'Œdipe sophocléen, et ceci d'autant plus volontiers qu'il me semble correspondre à la nature même de Sophocle. Béatifié de son vivant dans une Athènes bouleversée, détruite en sa puissance, il fit partie des sages qui surent maintenir la plénitude de la pensée, en révélant à leurs proches la vanité de la possession et en découvrant les racines du mal dont souffraient leurs concitoyens en particulier et les hommes en général... Sophocle, qui avait tout perdu, sa fortune, son activité même puisqu'il était armurier et puisque la défaite éliminait sa profession, devait avoir réglé bien des problèmes personnels pour atteindre ce plan de sagesse où il pouvait se préoccuper des soucis des autres. N'a-t-il pas été jusqu'à penser à leur révéler l'état de leurs conflits internes, dans des pièces théâtrales si brillamment composées ? Il fut béatifié, on s'en souvient, par les médecins... Sans doute ces derniers lui accordèrent-ils la première estampille de la reconnaissance psychanalytique ?

Le mal revêt l'aspect du bien, pour celui qu'un dieu pousse à sa perte ; ses jours alors ne sont pas pour longtemps à l'abri du malheur.
SOPHOCLE. *Antigone* Acte I, sc. IX. Antistrophe II.

Sophocle, me semble-t-il, a admirablement situé l'angoisse là où elle s'insère, c'est-à-dire dans le plus archaïque souvenir de la dépendance à la mère, sous la tutelle de laquelle demeure l'Etre en puissance, au moyen de *l'anguis*, vecteur de cette angoisse. Le cordon ombilical paraît à la mère si difficile à couper qu'elle entraîne l'enfant qu'elle sait faire sien, dans l'évidence d'une impossible séparation. Toute la vie de l'enfant va être suspendue à cette mère : les langes, le souffle, le manger, la régurgitation, l'émission fécale et urinaire, etc... Quelle longue démarche il faudra ensuite réaliser pour pouvoir aborder un seul de ces actes sans qu'un souvenir ne surgisse comme une reviviscence recherchée et sans cesse réitérée ! Irons-nous jusqu'à croire que ces actes ne sont plus physiologiques mais simplement intellectualisés à l'adresse d'un passé fixant notre identité, notre désir de subsister, de demeurer accrochés à cette mémoire paralysante, statique, végétative, pétrifiante, obsessionnelle ?

C'est sur cette dangereuse emprise de la vie fœtale imprimée que j'aimerais insister dans le chapitre suivant. Le cordon ombilical y prendra une place prépondérante, lui qui apparaît tout à la fois comme l'arbre de la vie et celui de la connaissance, comme la source de l'être et l'inducteur du non-être, comme l'indice de l'unicité de la conscience et l'initiateur de la multiplicité fragmentaire de l'inconscient, lui qui transmet la vie et fait entrevoir, à qui veut l'écouter, l'angoisse et la mort.

6

LE CORDON
FATAL

Tant que l'homme en son évolution ne recherchera que sa satisfaction, il restera désespérément attaché à ces amarres qui l'obligeront, pour retrouver un état de convergence sur lui-même, à revivre sans cesse une période passée, vécue dans des conditions définies, fixée dans le temps et dans l'espace. Et sa vie humaine consistera donc le plus souvent, comme je l'ai dit à plusieurs reprises dans cet ouvrage, à revivre sa vie utérine. Le mode d'éternelles répétitions que l'homme intègre dans son comportement n'est que la reviviscence obsessionnellement vécue d'une mémoire trop précocement éveillée.

La vie humaine apparaît donc comme imbibée de la vie fœtale. Elle en est, je pense, puissamment imprégnée. Et si l'on voulait que les événements soient vécus objectivement, qu'ils soient considérés comme des entités totalement indépendantes de l'existence, il faudrait apprendre à essorer ce système nerveux comme si l'être devait prendre vie à chaque instant, oublieux de la vie passée. Il y aurait ainsi disparition de toute projection. Cela paraît toutefois difficile à réaliser étant donné la structure psycho-neurologique de l'Etre. En effet, tout serait sans histoire, au sens le plus absolu, si la vie pouvait se vivre sans passé c'est-à-dire sans les acquisitions antérieures que nous ne savons pas abandonner, et qui, dans l'inconscient, sont maintenues comme des absolus, comme des modes et des règles d'où émergent des lois. Sans projections certes, mais non sans mémorisation, l'acte vécu ne pouvant être en rien objectivé s'il est démuni de tout effet référentiel ; mémorisation sans projection, démunie de toute référence affective ; mémorisation devant permettre à l'homme de s'humaniser.

Cependant, dès le début de son existence, l'homme ne bénéficie pas d'une structure assez puissante pour aller au devant d'une telle recherche, et tout lui paraît si fortement inexorable, si désespérément grand et fatalement insondable, qu'il s'accroche avec énergie à son cordon ombilical, ce cordon de vie, ce cordon de vie coupé qui, par association symbolique, sera interprété comme une vie tronquée, sans issue. Ainsi la vie, si appendue à la mère, cette mere fréquemment identifiée à *l'anguis ombilical,* seul trait d'union permanent, ambassadeur toujours présent de l'immanente féminité en sa puissance maternelle, ainsi donc la vie, cet influx vital, offrira d'emblée son caractère d'incertitude et de précarité.

Cette mère qui prétend donner la vie ne semble-t-elle pas, en évinçant le fœtus de sa caverne utérine, la lui retirer ? En voulant sans cesse retrouver cet enclos qu'il a cru pour un temps paradisiaque, l'homme ne se précipite-t-il pas dans l'enfer d'un huis clos, étouffant, sans issue, modèle répétitif du déjà et toujours vécu ? L'existence se vit et se revit sans que l'Etre puisse jamais sortir de sa coque initiale. Il baigne constamment dans les répétitions de plus en plus complexes de ses impressions premières ; c'est dans le sens de « neuroniquement imprimé » que doit se préciser le mot « impressions ». L'homme ne sait le plus souvent que lire et relire indéfiniment ces mêmes impressions.

Il a en lui, conjuguées, les deux faces opposées de son intelligence qui lui permettent de comprendre mais aussi d'interpréter. Dans la face positive, il sait se propulser dans la connaissance ; dans la face négative, il ne fait que ressasser, en les complexifiant à loisir, quelques-unes de ses acquisitions initiales. Son intelligence est la raison de sa progression et celle de sa perte. Elle lui procure un savoir toujours grandissant, tout en faisant s'ouvrir devant lui l'abîme de plus en plus profond de son ignorance. L'une des faces de cette même intelligence l'invitera à être un élément participant, tandis que l'autre le confinera dans un isolement qui ira jusqu'à l'anéantir dans son aveuglement au tout.

Dans l'évolution mentale de l'homme, que quelques grandes aventures personnelles semblent cependant marquer, tout se passe comme si l'existence humaine était dominée par le besoin de vivre la vie intra-utérine en enfant, puis en adolescent et enfin en homme, en ajoutant à chacun des stades ce que les épisodes antérieurs de la vie ont apporté au vécu précédent. Tout se passe donc comme si l'on réenregistrait constamment des informations sonores sur une même bande magnétique, sans jamais effacer les enregistrements précédents.

Ne parvenant pas à s'adapter aux conditions nouvelles que lui impose sa pénétration dans le monde, le fils de l'homme se plongera désespérément dans le souvenir de sa vie antérieure, bloquant pour longtemps tout espoir de rencontrer sa vraie raison d'exister. Son ingéniosité mise à la recherche de son passé lui permettra d'utiliser avec sagacité la richesse de son intelligence. Il découvrira, dans le confort qu'il saura se construire, l'habitat douillet, calfeutré, ouaté et voilé de ses premières enveloppes de protection, vivant dès lors dans le milieu sécurisant d'un utérus agrandi, sans aucune communication d'intelligence avec l'univers qui l'attend et avec lequel il n'entamera aucun dialogue. Dans ce cadre, tout lui rappelle sans cesse le giron maternel ; c'est la Mère qu'il respire, qu'il voit en souvenir de ses premiers regards posés sur elle ; c'est elle qu'il dévore quand il mange, qu'il entend dès qu'il écoute ; c'est avec elle qu'il dialogue car, avec elle, il a su longuement communiquer.

Vue sous cet angle, la vie peut apparaître à nous, pauvres humains, comme la conséquence d'un acte manqué. Et notre indépendance, du moins notre croyance en cette autonomie, nous fera progresser dès lors dans un clair obscur que semble entretenir le lampion du libre arbitre, à mesure qu'augmentent les chaînes des conditionnements.

*
* *

Mais tout cela, c'est du cordon ombilical. Qu'on y songe : respirer, manger, parler, entendre, répondre, c'est exploiter en permanence les premières empreintes qui ont marqué le nerf pneumogastrique dans ses programmations neuroniques naissantes. C'est du vaste champ de l'innervation de ce nerf que l'être trouve une si grande unité en lui-même, et la multiplicité des réactions et des contre-réactions de chacune des fonctions que ce nerf tient sous sa coupe, participe à cette réalisation de l'Etre.

On se souvient que le champ neurologique du nerf vague (autre dénomination du pneumogastrique) s'étend depuis l'oreille externe jusqu'au sphincter anal, en innervant au passage : le pharynx et les muscles du cou par liaison interne avec le nerf glosso-pharyngé et le nerf spinal ; le larynx en ses fonctions sensorielles et motrices ; le poumon au niveau des bronches ; le cœur en assurant la régulation coronaire ; le tube digestif en sa totalité ; et les viscères de l'abdomen : foie, vésicule, pancréas, reins, rate.

Et c'est ainsi que par lui tout est également langage, que tout est dialogue, jusqu'à l'interprétation de nos plus profondes réactions organiques dont la valeur réelle reste généralement incomprise. Grâce à ce nerf qui se prend à jouer à « l'envers » en quelque sorte, l'homme ne sait plus explorer sa sensibilité intérieure ; il la subit, se persuadant toutefois dans un dernier sursaut d'amour-propre, qu'il la domine. Et dès lors, jouant avec lui-même à la mouche du coche pour s'assurer qu'il est, il saura s'en persuader en aboutissant à l'absurde conviction de n'être pas. La pathologie est là qui arrête ce dialogue de sourd avec soi-même, véritable sonnette d'alarme à cette déraison.

Le corps, on le sait, est judicieusement et automatiquement réglé par le nerf sympathique dont l'organisation, en dehors de toute interprétation que nous avons l'habitude de surajouter, en dehors de tout ce que notre psychisme sait allumer, assure la reproduction, la nutrition, la circulation et la respiration. A côté de cette vie mécanique purement végétative et qui en soi a le mérite d'être sans histoire, nous avons la chance et aussi l'inconvénient de posséder un ensemble exceptionnel fait pour intégrer : le système nerveux central. Cet appareil d'exploration de tout ce qui est, cet appareil à synthèse et à analyse dont seul l'homme est muni avec une telle perfection de fonctionnement, est fait pour vivre le moment cosmique présent dans lequel s'intègre et le passé et l'avenir. Les inconvénients sont liés au fait que cet appareil exceptionnel fonctionne plut tôt qu'il ne le devrait et que, sur ces acquisitions plus que puériles, plus que régressives puisque fœtales, se construit la vie. Mais cette existence n'est pas la vie ; elle est sinon à exclure, sinon à oublier, du moins à dépasser, si l'homme veut accéder à tout ce qu'il doit normalement espérer.

Sans cet apport, sans cette prise de conscience, la persistance de la mémoire du cordon ombilical saura, par projection de la vie fœtale, transformer la reproduction en sexualité, la nutrition en art culinaire ; tandis que la circulation, faite du tic-tac cardiaque tranquille et doté d'un rythme cosmique, indépendant du cerveau, sera soumise, grâce au nerf vague, à des irrégularités émotionnelles ou affectives ; la respiration ample et tranquille telle qu'elle devrait être pour permettre de déployer les quatre cent millions d'alvéoles pulmonaires représentant une surface de cent cinquante mètres carrés, se verra également bouleversée dans son ampliation.

LE SUBSTITUT PHALLIQUE

Et pourtant ce cordon, ce compagnon, cet étrange et dangereux jouet de la vie intra-utérine sera obsessionnellement recherché après la naissance pour être tenu, touché, palpé. Qu'est-il devenu, où est-il passé, quels dommages a-t-il subis au cours du terrible cataclysme vécu par le fœtus ? Il semble avoir été coupé brutalement... Quelle misère !... Mais on dirait qu'un morceau reste encore appendu, comme un reliquat oublié, une relique pour certains, dans cette catastrophique chute. Cet appendice nouvellement retrouvé qu'est le phallus fera office d'attache ombilicale pour un temps plus ou moins long, peut-être même pendant la vie durant, et l'ardeur avec laquelle le nourrisson puis l'enfant tirera sur cet appendice révèlera le besoin de retrouver les sensations que conférait le cordon ombilical dans les moments d'insécurité, dans les phases d'angoisse. Ainsi la masturbation à l'adresse de la mère, si superposée à la recherche du filin qu'était l'*anguis ombilical*, permet d'entrevoir l'organisation de la sexualité tant appendue à l'image de la mère dans la vie humaine et dont le fondement premier demeure l'apaisement de l'angoisse.

Il y a là, pour le psychanalyste une étude à entreprendre quant au stade en quelque sorte préphallique de la sexualité. Je me demande si l'amorce d'une superposition sexuelle puis érotique ne trouve pas son origine dans le fait même dû à la chute de l'angoisse qui s'associe secondairement à l'apparition du plaisir ou plus simplement de la satisfaction de sentir l'apaisement de cette angoisse.

Il n'est pas non plus interdit de penser que l'acte sexuel lui-même représente ultérieurement pour l'homme une recherche éperdue de redevenir l'enfant de la mère, dans l'accouplement avec la femme, la partenaire, tandis que celle-ci obéit inconsciemment au désir d'être la mère de ce partenaire devenu subitement et momentanément le fœtus s'endormant dans les bras de la *Mater omnipotente* qui donne la vie. Le coït ne veut-il pas, en outre, faire revivre à la femme les cadences spasmées de l'éviction utérine, de l'accouchement, tandis qu'il permet à l'homme de se retrouver ce monumental fœtus appendu par son appendice phallique à l'universel utérus ? Chacun y trouve son auto-satisfaction et dès lors la sexualité devient un acte intégré au niveau des nécessités, suscitant, pour son accomplissement, des besoins et, partant, des désirs. Comme l'art culinaire a su se substituer à l'acte de manger, la sexualité se superposera désormais à l'acte de reproduction.

148

La « bonne » nourriture allant jusqu'au processus morbide digestif peut donc aussi être aisément rattaché à ce cordon ombilical innervé par le nerf pneumogastrique. La viscéralité joue son rôle dans tous les cas, depuis la boulimie jusqu'à l'anorexie, selon que le dialogue ombilical aura été accepté ou refusé. La pathologie digestive y voit la même origine dans l'art de mal manger : l'homme s'ingénie effectivement à trouver le moyen de sentir en permanence ses viscères en gestation d'une digestion longue et difficile qui l'assure de son existence par l'intermédiaire des fibres viscérales du vague. La circulation cardiaque elle aussi sait, par toutes ses irrégularités, exciter le pneumogastrique jusqu'à donner à l'homme un sentiment de vie permanente dans les palpitations, les erreurs tensionnelles, les angoisses cardiaques, l'infarctus, bref autant de moyens psychologiques de somatisation qui font que l'Etre s'enferre dans un déjà vécu le laissant incapable de comprendre la vie à vivre. Le poumon lui aussi se voit soumis au même jeu vagual. Outre cette respiration réduite d'animal stressé qu'il se donne le plus souvent, l'homme parvient dans sa régression à retrouver la respiration fœtale aquatique qui va le mener jusqu'à l'inondation bronchique, jusqu'à l'asthme, véritable noyade. S'inscrivent dans le même cadre de sécurisation bien d'autres syndromes pathologiques, les plus banals relevant des histoires pharyngées et constituant les angines, autre manière de traduire somatiquement et sémantiquement l'*angor*.

Ainsi l'homme s'évertue inconsciemment à se détruire et fait de la maladie la somatisation de la pulsion de mort qui l'habite, oubliant ainsi qu'il est promu à une toute autre destinée. Doté en effet d'un néocortex, ampliation considérable du cerveau par rapport à celui des animaux les plus évolués et qui lui permet d'accéder à l'humain, l'homme ne s'en sert le plus souvent que pour ne pas comprendre. Il existe apparemment en lui deux organisations, l'une archaïquement et phylogénétiquement liée à sa structure animale, représentée pour une large part au niveau de l'encéphale à l'instar des anthropoïdes ; l'autre faisant intervenir un néopallium d'une richesse et d'une complexification considérablement accrues, et qui semble destinées à l'homme pour que celui-ci soit autre chose que l'animal le plus évolué. C'est de cette adjonction exceptionnelle que la spéciation humaine semble devoir jaillir. L'homme sera le sur-animal s'il parvient à se réaliser. Comment peut-il songer à être le surhomme alors même qu'il a encore tellement à faire pour se rencontrer. Le surhomme a existé de tout temps, dès qu'il a su utiliser, à ses fins réelles, le cortex qui lui a été généreusement attribué pour atteindre des champs de conscience de plus en plus vastes, comprendre son adhésion cosmique et plonger dans toutes les dimensions de l'univers, depuis l'infiniment grand jusqu'à l'infiniment petit. Par son cortex que traversent les immenses énergies cosmiques, sources de ses intuitions, il peut acquérir toute la connaissance, celle qui doit servir à son devenir, à condition qu'il soit en état de totale disponibilité. Cette dernière nécessite un cerveau vierge, non pas comme nous l'entendons généralement c'est-à-dire sans aucune empreinte, non pas la *tabula rasa,* puisque la vie fœtale a déjà laissé des traces indélébiles, mais simplement un cerveau non bloqué par des rituels anciens, par des habitudes qui ne font que se superposer aux mécanismes premiers de la vie fœtale sur lesquels viennent se greffer toutes les surimpressions de la première enfance.

LARGUER LES AMARRES

Comment sortir de cette impasse ? Là réside le problème. Et qui peut le résoudre ? Plusieurs tentatives ont certes été réalisées, oscillant de la philosophie la plus trancendantale jusqu'à celle qui se veut être la plus matérialiste, s'insérant dans l'armature solide d'une religion stricte ou dans le débraillé d'une négation généralisée, opposant une éducation rigide et spartiate à un laisser aller à vau-l'eau, très apprécié de nos contemporains. Toutes ces voies, par leurs côtés excessifs et exclusifs, s'éliminent d'elles-mêmes. Il n'est rien qui soit vrai dans un tel domaine s'il n'englobe tous les paramètres qui bâtissent la nature humaine et parmi lesquels aucun ne doit dominer.

Ce qu'il faut donc atteindre, c'est l'équilibre, c'est-à-dire l'harmonie. Mais l'harmonie avec quoi ? Sans doute avec l'environnement et, dans ce vocable, faut-il comprendre tout ce qu'il peut contenir, depuis le cosmos, depuis la dernière étoile, jusqu'au monde le plus proche de la vie sociale et familiale. Chercher l'harmonie, c'est donc pour l'homme établir sans contrainte toutes les relations vitales avec le monde dans lequel il évolue et faire que sa présence, à aucun moment ni en aucun lieu, ne soit ressentie comme une entrave par ce même environnement.

L'énorme afflux de recherches effectuées dans le domaine de la psychologie a permis d'avancer grandement dans la connaissance des comportements de l'Etre et de ses agissements, en fonction de ses aspirations, de ses acquisitions, de son éducation, de son instruction. La psychanalyse a tenté d'ajouter l'étude des couches profondes pouvant être à l'origine de ces éléments comportementaux. Elle a osé aborder de front les barrages ; elle a su les débonder. Elle a dédouané tous les territoires et offert, à qui veut s'en munir, un passeport permettant de s'aventurer dans le domaine du rêve qui meuble le sommeil, et dans celui du monde crépusculaire qui précède l'état de veille. Science de la fixation psycho-viscérale, elle demeure la grande instigatrice de ce fameux inconscient que j'aimerais revoir à la lumière de l'aventure fœtale. Il n'est ni de mon intention, ni de ma compétence de parler de l'inconscient en soi, mais il me semble que l'expérience vécue au travers de la voix maternelle reçue au sein de la vie utérine, risque d'ajouter à l'étude de cet inconscient une dimension nouvelle que le psychanalyste pourra ensuite reprendre sous le faisceau de son savoir.

De tout temps, l'homme a essayé pour se sortir d'affaires d'utiliser maintes voies d'accès ; toutes peuvent être considérées comme valables à partir du moment où elles conduisent au but recherché c'est-à-dire à la libération de l'Etre. Que nous propose donc le monde moderne avec l'immense apport livré par la science psychologique ? Cette dernière, qui étudie jusqu'aux couches les plus profondes de l'Etre, explore tout à la fois l'intelligence et l'affectivité, déterminant les limites du normal et du pathologique, effectuant des incursions dans la découverte de la conscience. Celle-ci semble être faite des éclairements de l'intelligence ; la connaissance a pour rôle d'augmenter, dans la mesure du possible, le nombre de ces éclairements. Mais un aveuglement infini et « spécifique », suivant le terme du psychanalyste, cache à l'homme ce qu'il est, jusqu'à faire de lui sa grande énigme. Et la vie lui suffira à peine à se connaître s'il persiste à vouloir croire qu'il est cette unité individuelle, intelligente, autonome, géniale et pensante, située au-dessus de toutes les règles, capable d'inventer et de trouver, dotée de puissance et de possession. Et si, « limité » dans cette croyance, il parvient à aller plus loin que le bout de son nez, il ne dépassera guère à vrai dire son cordon ombilical. En effet, rien n'est plus illusoire que sa personnalité ; elle est liée à cet égocentrisme initial qui l'a rendu maître de cet univers utérin cependant plein d'inconnues et de mystères. Il a oublié pour longtemps qu'il appartenait à un couple puis à une famille puis à un groupe social et enfin au Cosmos.

Et combien de fois cette unité intelligente, géniale et pensante arrête-t-elle sa progression en cours de route, perdant ainsi la suprême occasion de connaître, par son appartenance au tout, la joie et aussi l'humilité de voir que tout ce qui est dit, fait et pensé, a déjà été réalisé, qu'il n'y a rien à découvrir dans l'harmonie universelle. Quant à la puissance et à la possession, elles constituent chez lui le reliquat le plus archaïque du désir de posséder la mère en sa totalité.

LE NON-ETRE

Rien n'est aussi vain que la vie que l'on se fabrique ainsi et qui n'est en réalité que la répétition en adulte de la vie d'enfant, elle-même reviviscence de la vie fœtale. L'intelligence se voit mobilisée par l'affectivité, et plus son intervention est efficace, plus elle sait confiner l'évolution dans le réduit dangereux, dans le huis clos de la répétition fœtale, j'allais écrire fatale. Des lames de fond viennent alors en énorme projection mobiliser toutes les activités comme des *leimotive* suggestifs, répétitifs. Notre homme ne sait plus désormais quelle couche de lui il faut atteindre, dans quelle strate il lui faut évoluer. Les plus pures impulsions de la vie organique, telles que la reproduction, la nutrition, la circulation, la respiration, soumises au système végétatif capable d'assurer l'adaptation des rythmes de l'être corporel aux rythmes cosmiques, se trouvent alors puissamment inhibées et bloquées dans leurs activités. Et, de ce qui devrait être la plus pure intelligence d'un mécanisme autonome reflétant le parfait fonctionnement d'un processus global « corps-univers », l'homme groupe cet ensemble de réactions organiques sous la coupe de l'instinct. Mais connaît-il à vrai dire les déterminismes de cet instinct, sait-il en sélectionner les processus innés, lui qui reste muré dans sa démarche absolue et indépendante, lui qui veut garder son action dominante sur ces éléments autonomes ? Dans un sentiment erroné de liberté il va essayer, par tous les moyens de ses voies corticales, d'exercer une pression intellectualisée sur ce qui veut et peut en réalité fonctionner sans encombre, sous l'impulsion de l'harmonie cosmique.

Admettre une telle dépendance de l'Etre vis-à-vis des forces environnantes, c'est atteindre le niveau d'une conception d'existence qui demande à l'homme d'abandonner toute notion d'autonomie. Mais de quelle autonomie s'agit-il ? Ne s'agit-il pas en fait de l'emprise, si pleine de vanité, du cortex qui prétend régir jusqu'aux fonctions végétatives, et par là même susciter une réaction contre ce qu'il ressent comme une dépendance et interprète comme une contrainte ? Mais la libération ne consiste-t-elle pas justement à larguer définitivement les amarres intra-utérines pour éviter de succomber à la tentation d'engager un processus interprétatif identique ? En effet, si le fœtus pouvait s'exprimer il finirait par nous convaincre qu'il est le générateur donnant vie à la femme qui le porte, tant il est conscient d'en avoir fait sa mère. Le jeune enfant, dès qu'il peut assurer par son langage ses premiers concepts sur le déroulement des naissances, sait exprimer cet enchaînement associatif en signifiant sa pensée : « Quand je serai grande », dit la petit fille. « Maman sera petite, je serai la maman ». Le cycle se referme sur un déjà vécu, égocentriquement interprété.

153   Ces notions inversées quant à la genèse des dépendances vont laisser germer en profondeur dans l'Etre la conviction qu'il est le maître de ses propres fonctions. Sur les instincts brimés, déviés, se bâtit alors tout un art de vivre qui ne peut déboucher que sur la fausse réalité, sur l'illusion d'exister. La vie apparaît ainsi à l'homme comme une tournée en rond ; la naissance ne semble pas l'avoir délivré de son enserrement premier trop compressif mais toutefois sécurisant. S'en libérer serait sans doute pour lui craindre que l'expansion et la libération n'entraînent l'insécurité. Du balancement de ce couple associatif « mère-enfant » rendu indissociable, les structures qui tendent à assujettir les instincts seront inextricablement élaborées. Alors qu'il suffirait de laisser vivre en paix cet homme qui veut naître, l'ego grandissant voudra s'en emparer, n'acceptant pas de dépendre de cette machine exceptionnelle dont il bénéficie, ne tolérant pas qu'elle soit téléguidée dans ses rythmes, dans ses mécanismes métaboliques ; il jouera la comédie humaine jusqu'à vouloir posséder la peau de sa bête. Sa victoire sur lui-même sera sa perte. Il traversera une existence sans dialoguer un seul instant avec son corps, lui imposant seulement un monologue impératif, persistance de l'incompréhension fœtale de ses instincts.

Ainsi l'homme, savant dans l'organisation d'un programme sans cesse reconduit sur une base initiale erronée — celle de la reviviscence d'une erreur d'interprétation du concept de l'existence — revit avec une délectation morbide la non-progression de son Etre, limitant son circuit humain à la répétition plus élaborée de son circuit fœtal. La notion de l'Etre sera désormais liée à celle de la « non-progression », origine essentielle de celle du « non-Etre ». Le fœtus dans son image est celle du non-Etre. Il est certes en potentiel le futur homme, mais il l'est quant à la poussée corporelle et quant à la loi d'amour qui siège ailleurs que dans le cordon vital. Cependant le fœtus aura déjà confondu l'amour que lui porte la mère avec la nourriture qu'elle lui transmet. Il sera désormais lié à un amour viscéralisé sans en comprendre la subtile essence, qui n'est ou ne devrait être que la transmission consciente de la vie. L'amour est cette force pénétrante, cette vie donnée à chaque instant par une infinité d'énergies qui entrent par tous les coins de l'Etre et qui le soudent au Cosmos en sa totalité. L'amour est la prise de conscience toujours croissante de cet éventail de forces que l'Etre saura transformer en amour humain, en mettant au service de la communauté des hommes sa totale énergie transformée. Chaque homme est au service de l'autre, et sa destinée est de venir en aide à l'humain pour qu'il parvienne à comprendre sa raison d'exister.

La vie est, en réalité extra-viscéralisée, hors des entrailles ; elle exige l'abandon des premiers conditionnements pour que, sur un système neuronique humain vierge d'impressions antérieures, l'homme puisse établir les assises de la conscience, sans aucune interférence sous-jacente. La *libido* devra ainsi changer d'objectif, et le plaisir de vivre deviendra celui de participer à l'évolution du monde ; le devenir de l'homme est d'adhérer au Cosmos jusqu'à en comprendre la marche, la progression, l'expansion.

Rappelons toutefois que le fœtus n'est pas seul à se faire. Dans le dialogue qui s'installe entre lui et sa mère, il est par excellence un être conditionnable, impressionnable que la mère va conditionner, impressionner. Pour elle, déjà aux prises depuis des millénaires avec les mêmes conditionnements, le don de son enfant à une humanité représente un véritable sacrifice. Et de mère qu'elle devrait rester pour lui, elle ira jusqu'à vouloir l'accaparer pour elle, afin d'en faire un fils de la mère, un fils de la mère essentiellement. Elle oublie qu'elle est un transmetteur de vie, un relais qui potentialise cette nouvelle avancée. Elle oublie que sa grossesse est un don qu'elle concède au groupe humain. Ce dernier d'ailleurs, souvent brutal, la rendra mère essentielle d'un enfant qu'elle gardera pour elle seule. Le « futur à naître » dialoguera avec elle, et dans son inconscient qui demeure cet énorme savoir sans science et cette science sans savoir, il apprendra qu'il est lié à elle seule, couvert du voile de ses membranes fœtales qu'il conservera souvent durant toute son existence.

Il existe là une articulation éducatrice de grande importance qui réside dans la lutte affective et viscérale que doit mener la femme pour accepter avec humilité le fait qu'elle est la filière par laquelle le fils de l'Homme naît et devient le vecteur d'une nouvelle énergie humaine. Elle doit ainsi lui permettre de devenir à son tour, grâce aux forces qui l'environnent, un transformateur d'énergie pour le groupe humain dans sa progression.

Ainsi donc la vie, qui devrait se manifester sans aucune demande du comment et du pourquoi puisqu'étant entièrement soudée au déroulement et au développement universels, se trouve jonchée de questions rendues nécessaires par une vision accrochée au passé et déterminée par un fonctionnement régressif. Cette incompréhension parcellaire et interrompue entraîne inévitablement la recherche du pourquoi, origine de la perte. Comment l'homme pourra-t-il en effet sans passer par les conditionnements premiers du cordon ombilical, comprendre que quelque chose existe à laquelle il est entièrement incorporé ? C'est au niveau de cet *anguis* que se trouve le véritable point d'impact qui introduit l'erreur dans la connaissance. Il n'y a point de fruit défendu en dehors de ce fruit qui pousse sur l'arbre fœtal. Aussi, à le vouloir dévorer et à le vouloir connaître, l'homme se fixe à un stade qui l'empêche à jamais de voir ses vraies attaches, celles qui font de lui, non plus le fœtus se poursuivant dans la lignée humaine, mais l'humain se développant dans l'homme.

Si l'homme veut s'évertuer à considérer son appartenance à ce ventre d'où il sort comme étant sa seule appartenance — et la mère l'y poussera par l'intermédiaire du cordon ombilical qui serpente d'elle au fœtus — il oubliera désormais son insertion réelle hors de l'œuf, et il sortira de là tout nu, ébahi, aveuglé par le flot de lumière qui l'envahit de toutes parts, transformant son Etre en récepteur appendu, par toute sa surface, à l'environnement.

Les conséquences de cet état permanent évoluant parallèlement à l'Etre réel que l'homme représente, font qu'une insertion fœtale et une fixation à ce stade conduisent à la science de la dégradation de l'Etre, jusqu'à lui faire croire que l'existence n'est que cela. Devenant expert dans l'art de somatiser, il deviendra savant dans l'art d'être malade. La maladie ne trouve son support que dans la permanente trahison de l'homme vis-à-vis des lois de la nature et dans

156

le fait qu'il voudra être, au lieu de se laisser aller à être. Fixé comme il l'est, il évoluera sans cesse à contre-courant, ignorant absolument ce qu'il vit, retrouvant sans cesse perfectionnée et grandissante, l'angoisse, fruit de ses premiers combats avec l'*anguis ombilical*. Son intelligence propre, uniquement réservée à la vie fœtale, sera mise essentiellement au service de la reviviscence de cet épisode, le seul qu'il aura en définitive bien connu et bien détaillé et qui lui aura permis de créer, avec une infinie ingéniosité et une infinie variété, la pathologie née du besoin de retrouver un dialogue identique à celui, obscur, entretenu viscéralement avec la mère. Ce dialogue s'établira ensuite entre les états d'âme et le corps lorsque la mère ne sera plus là. Le psychisme désormais sera vainqueur du corps lui-même grâce à tous les agents extérieurs qu'il saura mettre d'une manière morbide à son service. Tout sera utilisé pour y parvenir : le toxique, le microbe. Le système élaboré sera d'autant plus régressif que l'on aura pris son temps pour accéder au niveau de la perturbation apportée au fonctionnement d'un organe, d'un viscère, voire même de la cellule. Il n'y a pas d'autre maladie que celle que l'on se fait pour se persuader d'exister en revivant, dans un état de régression, cette mise en exergue de la vie antérieure.

Ainsi s'en va la vie, sans avoir été vécue, sans avoir été comprise, parsemée d'angoisses, tachetée de maladies, allumée par des éclairs de conscience, qui vont éblouir jusqu'à l'affoler et à le rendre irraisonnable celui qui entrevoit les cordons multiples le liant au Cosmos matériel, ce Cosmos qui se meut sous l'impulsion de l'immatériel support énergétique.

Toute l'évolution de l'homme balancera entre l'acceptation de cette véritable sagesse qui lui retire toute prérogative si ce n'est celle de se laisser vivre suivant la volonté de cette puissance unique, et la tolérance permanente de cette fausse sagesse qu'il saura appeler science et par laquelle, dans une irraisonnable démarche, il se croira le créateur de lui-même, de son existence, et le maître absolu d'une mort incomprise. Dans ces conditions, la science paraît être une vue détaillée et partielle de l'univers à travers les conditionnements viscéraux de l'homme. Celui-ci recherchera désespérément la vie là où elle semble ne devoir jamais être, alors même qu'elle est la convergence d'une partie des forces qui vont l'animer jusque dans ses cellules et ses constituants moléculaires. Elle est, pour des raisons qu'il n'a pas à comprendre mais simplement à vivre, ce qu'elle doit être à chaque instant, dans un univers qui, pour être, est ce qu'il est.

Les Anciens octroyaient à chaque homme une parcelle de la conscience universelle ; de la généralité intégrée de toutes les consciences devrait ainsi s'ériger une Conscience totale. Le computer cortical, tel qu'il est conçu, n'y parviendra-t-il jamais ou aura-t-il la sagesse de connaître ses limites en se contentant de n'être qu'une parcelle de conscience qui, lorsqu'elle devient réalité, libère largement des contraintes du corps ? Et ces contraintes ne sont-elles pas justement les impressions premières qui vont jusqu'à faire redouter la dernière étape, celle de la mort, comme une reviviscence d'un passage tragiquement vécu lors de l'accouchement ? Qui nous dit d'ailleurs qu'après la filière vaginale, nous ne poursuivons pas notre accouchement à travers la filière du berceau, de la famille, de l'école auxquelles s'ajoutent celles de la vie sociale. du gouvernement, de la patrie, etc... pour aboutir à la vraie naissance ? Le largage de tous ces impedimenta neuroniquement enregistrés doit entraîner l'homme à n'être plus que le reflet partiel d'une conscience globale, jusqu'à lui permettre de superposer à cette image celle de la vie elle-même. Cette vie, cette énergie de vie n'est peut-être que cette partie de conscience incarnée. Et l'on se souvient que c'est au travers du Verbe qu'elle sait le faire. Nous retrouvons là, en ce Logos, moteur de l'univers, notre langage et sa puissance créatrice.

L'ENVOL

« Pourquoi me cherchiez-vous ? Ne saviez-vous pas que je me dois aux affaires de mon Père ? »...

« Pour aller vers Dieu, il faut abandonner ton père et ta mère »...

« Tu seras gêné par les liens du sang »...

« Tu honoreras ton père et ta mère »...

« Qui est mon père, qui est ma mère, qui sont mes frères ? »...

Voilà ce que nous rapporte l'Enfant né d'une maternité non possessive et d'une paternité inexistante. Dans cette démarche, dont on peut entrevoir la fermeté par la force de rupture des chaînes parentales, il existe sans doute l'ébauche d'une véritable éducation de l'Etre libéré de ces chaînes, éducation encore mal comprise, comme le rapportait déjà le narrateur : « Mais eux (les parents) ne comprirent pas la parole qu'Il venait de leur dire » (St Luc 2-39). Qui, en réalité, de nos jours, saurait comprendre le sens d'un tel message ?

Les différentes étapes de ce cheminement de l'Etre pour se réaliser montrent les nécessités de rompre avec les formes archaïques de la famille. La mère doit être oubliée en tant que mère d'un enfant, pour devenir celle d'un adolescent, puis celle d'un adulte. Pour se prendre en charge, le futur homme doit se libérer des contraintes que les circonstances ont créées au sein de la famille ; pour devenir le fils de l'homme, il lui faut oublier les liens du sang tout en honorant son père et sa mère, mais en abandonnant l'enfant, le nourrisson qu'il a été.

Sans doute conviendrait-il d'ébaucher, à partir de ces grandes lignes pédagogiques, une tentative d'éducation pour le futur. Le monde des jeunes la réclame. Il va jusqu'à nous y contraindre, en cassant les potiches que nous sommes et que nous voulons demeurer. Les mouvements qu'offre la jeunesse actuelle dans cette nouvelle direction, devraient permettre aux anciens, forts de leurs expériences malheureuses sur le plan de l'éducation, de mettre leur savoir au service de cette jeunesse pour lui ouvrir les chemins de la réalisation de l'Etre.

Il n'y a, en fait, aucunement lieu de détruire, d'annihiler, de casser. Il y a seulement lieu de comprendre, de comprendre tout jusqu'à l'existence elle-même en la laissant s'incarner et en transmettant au nouveau promu la possibilité d'accéder, d'une façon de plus en plus précoce, à cette rencontre avec la conscience. Alors peut-être comme David, le jeune pourra-t-il, en traversant chacun des cinq univers de l'existence chanter un cantique à la gloire du Créateur et non à la gloire de la famille.

« Il a demeuré d'abord dans les entrailles de sa mère, et a chanté (Ps 103, I) : « Bénis Dieu, ô mon âme ». Sorti ensuite à l'air et ayant contemplé les étoiles et les astres, il a chanté (Ps 103, 20) : « Bénissez Dieu, vous, Ses messagers ». Puis, tétant aux mamelles de sa mère en contemplant ses seins, il a chanté (Ps 103, 2) : « Bénis Dieu, ô mon âme, et n'oublie aucun de Ses bienfaits ». Que signifie le terme « bienfaits » dans ce contexte ? Il vise, selon Rabbi Abbahou, le fait que les seins de la mère se trouvent au siège de l'intelligence. Et pourquoi cela ? Selon Rav Yehouda, pour que le nourrisson ne voie point le siège de la nudité. Selon Rav Matna, pour qu'il ne tète point au siège de l'immondice. Voyant ensuite la chute des impies, David a chanté (Ps 104, 35) : « Que les impies disparaissent de la terre ». Et contemplant enfin le jour de la mort, il a chanté (Ps 104, I) : « Bénis Dieu, ô mon âme. Eternel mon Dieu, Tu es suprêmement exalté ».

Berakot, 10a. Extraits d'« Etincelles »

A. Epstein, A. Neher et E. Seban.

7

A PROPOS DU VERBE

LA VIE

L'évolution de l'humain dans l'homme n'est que la réincar-
nation en lui de cette force verbalisante qu'est le Logos. Cette
énergie essentielle apparaît donc comme la réinsufflation
de la vie verbalisée et verbalisante. Il n'y a plus qu'un pas
à franchir pour déclarer, comme le rapporte l'Ecriture, que
c'est l'œuvre de l'Esprit. Toutefois la démarche scientifique
nous conseille de ne point user de cette image qu'elle réprou-
ve, la considérant comme trop imprécise et trop vague. Elle
ne nous en propose malheureusement aucune autre ; et le
Logos du Grec, si significatif pourtant, se voit lui aussi
frappé du même interdit qui s'insère dans la critique de la
Science lorsque celle-ci prétend parler en termes psychologiques de l'Etre, au-delà des barrières de la vérification
expérimentale.

Cependant, il ne me paraît pas gênant de songer qu'une force harmonieusement répartie et spécialement équilibrée porte et soutient, dans sa dynamique, l'univers en sa totalité. Non plus qu'il ne me semble embarrassant de penser que, de cette force, jaillit la cohésion, origine de toute structure. Le minéral y trouve son organisation, le végétal son organicité, l'animal son organisation organique.

Cette force que le mathématicien et le physicien relativistes cherchent à mettre si obstinément en équation, répond à une formule unitaire que le mot « Dieu » — symbole d'énergie ou, comme son nom l'indique, de lumière — a voulu désigner depuis des millénaires, avant même que le savoir humain ait pu y attacher la valeur de son langage savant.

Enfin, rien ne s'oppose, à mon avis, à ce que la progression qui conduit du minéral au végétal et du végétal à l'animal trouve sa dynamique d'action dans cette même force. Les modifications de structure qu'un déterminisme apparent semble induire vers une « complexification » ne me remplissent d'aucune angoisse et ne soulèvent en moi aucune irritation devant l'impossibilité où l'on se trouve d'y appliquer une étiquette.

Il me semble également évident que le processus évolutif, auquel tout nous convie à croire, permet à cette « Essence » — autre désignation de cette force — de se découvrir tandis que s'affine la structure qu'elle met en chantier ; comme si elle parvenait enfin, dans un montage particulièrement élaboré, à se refléter elle-même, à se réfléchir en somme. L'homme apparaît dès lors comme l'ultime construction dotée d'un prodigieux assemblage, et offrant à cette force, à cette essence, à cette vie, la possibilité de se manifester et de se révéler à elle-même. Cette dernière devient alors le germe de toute recherche en l'homme de la manifestation première et s'érige en conscience, allant ainsi à la rencontre de toute science désireuse de s'enquérir de l'existence de cette Energie au travers de ses manifestations.

Cette force ira ainsi jusqu'à créer l'Etre pour trouver en lui dans sa phase terminale, un miroir. Et c'est pour se refléter au travers de ce dernier, qu'elle se mettra à se parler dans l'Etre humain. Ce n'est pas chose simple ; et si cela semble l'être au travers d'un schéma que j'ai voulu aussi dépouillé que possible, c'est parce que les différents plans dans lesquels se manifeste cette énergie ont été bien individualisés. D'ailleurs, si l'on se donne le souci d'y réfléchir, on constate aisément que cette force, qui reste cependant la même dans son essence, se prend à changer de nom en fonction de la structure qu'elle mobilise : elle sera tour à tour une force soit minérale, soit végétale, soit animale. Et tandis qu'elle pénètre dans chacune de ces différentes organisations, elle gravit, depuis le minéral jusqu'à l'animal, les échelons qui semblent la conduire de l'inerte au vivant. Et pourtant tout vit. Mais si le caillou est là qui nous paraît désespérément « malheureux comme les pierres », si la plante nous surprend par sa fixité, l'animal, par contre, porte en lui des réactions qui lui sont propres ; celles-ci cependant ne sont que les manifestations de la même énergie qui anime le tout, mais elles vont rapidement laisser croire à la structure naissante qu'elle a ses pulsions, ses besoins, ses instincts, en somme sa vie propre.

Cette sorte de monologue, entrepris depuis des temps immémoriaux par le Cosmos, semble se poursuivre inlassablement, donnant à tout vie, forme, souffle, et n'ayant pour réponse que quelques états d'âme, à la limite de l'éveil d'une conscience. Chez l'homme, le dialogue s'amorce, la force s'incarne et, dans la somptueuse architecture transformée en un énorme enregistreur, un système nerveux s'apprête à collecter les informations reçues, à les accumuler, à les grouper, à en décanter l'essentiel, à en faire une analyse magistrale, et à laisser entrevoir une synthèse...

Pourtant, de multiples circonstances favorables doivent être requises chez l'homme pour que de telles rencontres puissent se réaliser. Il serait hélas trop simple s'il suffisait de voir se construire un système nerveux, et de décider qu'il puisse un jour entrer directement en contact avec l'environnement. La machine subtile ainsi conçue n'aurait plus qu'à procéder à la mise en route de ses différents rouages qui, d'étage en étage, permettraient à l'information d'éveiller en elle le sensible. A partir de celui-ci, elle pourrait faire appel aux étages de réponses analogiques, analytiques, puis synthétiques, pour que l'intégration soit assurée par emmagasinement verbalisé, dans le stockage des informations.

Mais cet idéal robot, inhumain en fait, serait impossible à concevoir tant il serait démuni de vie. Il n'y a pas, en effet, que le Cosmos à rencontrer. Il y a la vie à découvrir dans tout ce qu'elle suscite de relations. Que de difficultés à surmonter pour que se dégage de cette chair la notion de force incarnée ! Avant même qu'une telle relation interne puisse se faire jour, maintes aventures seront proposées à l'homme en quête d'humanisation.

Les obstacles que rencontre cette force dévoilent la persistance de la mise en activité de structures sous-jacentes, riches en mémoire, qui assaillent constamment l'Etre de leurs phantasmes inconscients. L'élimination du passé, dépouillant le corps des traces du temps et de l'espace, est sans doute souhaitable, mais cette chair doit cependant demeurer le support essentiel de toutes les modulations structurantes sur lesquelles vont se fixer les pensées, les idées, première matérialisation d'une substance dont l'activité reste bloquée, dans la nuit des temps, par une mémoire figée, peu évolutive. Le dialogue qui s'installe entre le conscient et l'inconscient constitue la dialectique interne de l'Etre en son évolution. Tout demeure irrésolu tant que celui-ci n'a pas atteint le plan de l'éveil d'où il doit découvrir les arcanes dans lesquelles baigne son organicité. Depuis le tréfonds de sa structure minérale dont il conserve une mémoire alourdie, en passant par son être végétal aux archaïsmes enracinants et par son animalité aux états d'âme rapidement obscurcis par des pulsions instinctives de vie mal analysée, l'homme demeure longtemps emprisonné dans les structures intellectualisées de sa vie sous-jacente minérale, végétale et organique.

Tandis qu'il poursuit sa progression, il ressent intensément les forces minérales l'assaillir et, désirant s'assurer de leur réalité profonde, il devient un possédant. Il se sécurise de même au niveau du végétal en s'enracinant. Il croit enfin vivre en s'associant aux instincts de la force animale sous-jacente qu'il considère, en usant de son système nerveux, comme étant le sommet de son intelligence analytique, basée elle-même sur des paramètres difficiles à définir puisque sans fondement réel.

Sa vie risque ainsi de n'être que le défilement intellectualisé de son existence animale. Si importante que soit cette dernière, elle ne l'est en vérité que par la place qu'on lui accorde et par l'espace que l'on distribue autour d'elle. L'inconscient qui conduit l'Etre depuis des millénaires et qui semble un océan immense, insondable, n'est en fait qu'une goutte d'eau dans laquelle l'Etre se noie, tant il est étouffé par les dimensions réduites de la structure qu'il s'est intellectuellement bâtie et qui l'empêche d'émerger. Il n'a pas la place d'y voguer à sa guise. Il reste claustré dans une prison, parfois dorée, mais dans une prison tout de même. L'enfer psychanalytique ne représente rien d'autre que cet univers limité, étouffant, dans lequel tout, jusqu'au langage lui-même, enferre l'Etre dans un huis clos.

Et cependant c'est à partir de l'inconscient et grâce à l'inconscient que l'homme peut se libérer, car l'inconscient est, dans sa manifestation, l'expression de cette énergie potentielle de la vie, sorte d'insufflation représentée en l'homme par la mise en résonance des rythmes biologiques. Encore faut-il qu'aucune préoccupation personnelle, égotique, ne vienne se greffer sur cette activité de base fonctionnant de manière autonome et automatique. Mais dans cet « irréel » qui ne semble logiquement bâti que parce qu'il est émané d'un système nerveux spécialement et cosmiquement conçu pour fonctionner sur une structure rationnelle, l'Etre discourt à perte de vue, à perte de temps, à perte de vie en fait. Tout au long d'une reviviscence incessamment réinjectée dans un système nerveux qui s'enrichit pauvrement et désespérément jusqu'à saturation, les informations reçues vont ériger l'évanescente et aberrante notion de l'Etre à partir de l'évidente fondation du non-Etre. Etre de cette manière, c'est en effet n'être pas et c'est user d'un langage qui bloque l'homme dans un univers où les automatismes, non réellement verbalisés parce que non contrôlés, éliminent par saturation les résonances de la conscience. Autrement dit, un tel langage parle pour ne rien dire qui soit vrai. Il est la trame sur laquelle se bâtit le masque de la *personna,* la représentation du « soi-même mensongé » émanant cependant de l'Etre lui-même dans un univers qu'il croit être vrai parce que reflétant ses désirs, ses joies et ses misères. Et cet environnement se révèle rapidement limité et sans envergure, répétitif et lassant, morose et sans vibration, sans vie en somme.

LA VOIE

Vivre la vie, c'est autre chose : c'est se laisser inonder par le Cosmos lui-même ; c'est entrer dans cet univers sans illusions et sans mensonges sur soi. Mais quel est l'être au monde qui peut se permettre de ne pas redouter la pénétration en lui de cette lumière ? La peur de se voir tel qu'il est, la frayeur de ne pas exister, le laissent figé indéfiniment dans les tréfonds d'une structure minérale ou végétale ou animalisée, plutôt que de lui ouvrir le champ de la conscience.

Qu'importe que l'on soit ce que l'on est, pourvu que l'on devienne ce que l'on doit. Il semble paradoxal de penser que c'est s'aliéner que se livrer à cette force de vie jusqu'à devenir la vie en soi. Tout au contraire, se livrer aux structures préexistantes, c'est se soumettre à une fixation qui va jusqu'à bloquer toute l'activité de la vie elle-même et laisser s'immiscer en l'être la première manifestation de la notion de mort.

Muni d'un langage fait pour lui révéler la vie, l'homme ne l'utilise que pour aviver ses pulsions de mort. Son univers se restreint peu à peu ou se dissout totalement. L'homme se confine alors dans le huis clos de son inconscient ou se dilue dans l'incompréhension même du vide qu'il dénomme le néant. Celui-ci révèle la dimension infinie de son ignorance, tandis que le huis clos se referme sur les informations délivrées à partir de la mémoire saturante de son système nerveux. Si bien que l'homme, qui ne devrait avoir d'autre dialogue que celui assuré par un face à face avec la conscience, celui émanant en pensée de la pensée elle-même, se trouve ne pouvoir jamais être le reflet de l'univers. En effet, il voit s'éveiller en lui les réminiscences antérieurement accumulées, réminiscences que le *Logos* universel, grâce à l'énergie qu'il insuffle, semble faire resurgir, sous forme de vie, à cet être qu'il anime et qu'il habite. Toute impulsion donnée, même celle liée à la vie elle-même, semble ainsi agiter tout le contenu du récipient humain.

Voici donc ce que devrait être le langage en sa réalité : une pensée qui s'écoule soutenue par des mots sans résonance psychanalytique sous-jacente, sans résonance égotique. Regardons maintenant ce que nous en avons fait...

Résultat de l'impression du monde en l'Etre, c'est-à-dire de l'imprimé de l'univers en sa totalité, depuis la dernière étoile et au-delà, jusqu'au dernier atome et en deçà, le langage est ce qui doit s'écouler de l'Etre lorsque l'univers lui parle ou dialogue avec lui. Le but de toute science est justement de tenter d'intégrer en elle l'univers, mais les limitations propres à chaque discipline confinent souvent le chercheur dans un espace très restreint. Elles lui font oublier, à travers une vue parcellaire, combien chaque élément référentiel de sa propre connaissance doit inévitablement s'insérer dans les sciences environnantes traitant de sujets limitrophes et plus encore dans un champ unique tendant à englober le tout. La réunion de toutes ces sciences est en réalité la véritable connaissance, première démarche qui, lorsqu'elle se détache de toute coloration de subjectivité, devient conscience pure.

L'homme à vrai dire a adapté son langage à sa subjectivité, au lieu de s'en servir comme d'une antenne objective. Mais existe-il à vrai dire un moyen d'y remédier ? Oui, assurément. La difficulté consiste à retrouver dans le langage sa face de signification objective, réelle en somme — si tant est qu'elle puisse l'être — à partir de sa figuration subjective, la seule que nous sachions exploiter. Tous les procédés ont été utilisés pour introduire l'homme dans le temple de l'humain mais, dès leur mise en route, les résistances de celui qui devrait s'en laisser pénétrer ont immédiatement surgi, obscurcissant tout. Cependant, si l'univers pouvait entrer en nous sans qu'aucune subjectivité n'intervienne, il ne pourrait y pénétrer que par nos appareils sensoriels, auxquels d'autres peut-être pourraient s'adjoindre, tels les plexus nerveux ou les glandes endocrines. Pourquoi pas ? Rien ne permet d'infirmer ces données dans l'état actuel de la science.

LA VERITE

Si l'univers pouvait ainsi se réfléchir en nous, qu'y verrait-il ?... Quelle langue apparaîtrait pour lui permettre de se verbaliser, de se voir, de se sentir, de se prendre à exister charnellement comme il se prend à être dans tout ce qu'il porte, soutient, anime et met en place ? Le discours objectivé par la conscience ne serait que conscience exploitée sans projection de l'enregistreur sous-jacent. Il ne serait qu'une manifestation modulée perceptible, greffée sur le bruit moléculaire environnant aérien, soniquement excitable et donc acoustiquement distincte ; cette modulation serait capable de se signifier du fait même de cette différenciation, si minime soit-elle, en s'opposant au champ moléculaire corporel. Il n'y a en effet possibilité de signifier qu'en créant des différences manifestes, des intervalles contrôlables, des irrégularités apparentes.

Pour qu'il y ait réelle communication, l'idéal serait qu'il y ait réelle diffusion entre l'un et l'autre de ces deux milieux : l'aérien et le corporel, par jonction d'impédance en quelque sorte, où se trouveraient accordés le milieu moléculaire humain à résonance spécifique et le milieu moléculaire ambiant. Toute communication avec l'univers sera rendue possible à l'homme lorsqu'il parviendra à se mettre en résonance avec l'air environnant, véritable bain qui semble lui être offert pour qu'il puisse exister en tant qu'homme au niveau même de cette communication. Il apparaîtra alors, sur le plan d'un tel dialogue, comme le fils du son. Et s'il parvient à mener ce dialogue avec l'environnement, il lui faudra, au prix de grands efforts, parvenir à maintenir la communication, à ne pas s'en dissocier, à ne pas s'en exclure.

Mais cet air vibrant et sonore qui nous fait vibrer et nous rend sonores, ce n'est pas nous qui le faisons chanter, ce n'est pas nous qui savons l'exploiter acoustiquement. Il nous insuffle ce qu'il est ; à nous de l'entendre et de l'entendre en permanence, avec l'humilité qu'il convient de soutenir, en nous remémorant que le phénomène existe malgré nous et sans nous, tandis que nous n'existons sur le plan du dialogue que grâce à lui. L'Egyptien antique savait déceler de tels phénomènes lorsqu'il affirmait que le son est à l'origine de l'oreille. Cette pensée se retrouve dans la représentation que sait faire de cet organe la langue hébraïque, en désignant l'oreille par la lettre ‏ו‎ prononcée Wou et imitant le bruit du vent.

Si nous essayons de nous accorder avec l'environnement, de nous mettre à l'écoute de ce qui se passe, exclusion faite de nos mémoires évocatrices d'un vécu antérieurement imprimé, nous entendons alors ce que perçoivent le compositeur, le musicien, le poète, l'inspiré. PLATON ne prétendait-il pas que le dénominateur des choses — c'est-à-dire celui qui dénommait — entendait le nom que ces choses contenaient en elles-mêmes et qu'il ne faisait que répéter. On sait combien d'ailleurs l'inspiré semble être conduit dans un état second, par sa légendaire muse. Celle-ci ne représente-t-elle pas justement le champ de conscience entretenu au travers d'un filtre non perturbé, dans lequel aucune lame de fond n'entraîne d'opacité, et d'où émerge à « l'état pur » le dire de l'environnement. Mais dès que l'image, dès que le sentiment apparaissent, le symbole s'efface et la vanité s'élève, allant jusqu'à interrompre cette dialectique pour faire entrer l'être dans le champ d'un autre dialogue, celui qui mène dans l'univers sans consistance du phantasme. N'est-ce pas là ce que ressent l'artiste lorsqu'il décide inconsciemment de s'éliminer, en tant que filtre actif pourrait-on dire, à l'aide de la drogue ou de l'alcool, afin de se mettre à créer, sans intervention de son moi, de ce moi qui l'empêche de soutenir le dialogue avec sa perception inspiratrice.

L'air environnant, dont nous savons intégrer physiquement, c'est-à-dire à l'aide des sciences physiques, les différents mouvements, les infrastructures vibratoires soniques, les multiples jeux de pressions, nous dit tout. Il nous dit tout en permettant de verbaliser et, de fait, nous transmet tout, car lui aussi n'est qu'un support subtil sur lequel se développe et s'inscrit ce qu'il reçoit par ailleurs. Ses mouvements propres apparents ne sont en fait, comme tous les mouvements, que les conséquences et les effets de causes déclenchantes, même si celles-ci demeurent inconnues. On se souvient de l'inexplicable et inexpliqué cahot du mouvement brownien, considéré enfin aujourd'hui comme répondant à une périodicité intégrée de mouvements plus généraux et plus étendus

On peut poursuivre ainsi à loisir et aller toujours plus loin, jusqu'au niveau où tout devient plus fluide que le fluide, plus imperceptible que l'imperceptible, jusqu'à cet état non substantiel qui semble être le support de tout mouvement, ce stade non encore vibratoire, souffle premier, permanent, continu, sur lequel s'amorce l'agitation discontinue de toute modulation. Nous appellerons cette initiale impulsion : « La Conscience », pour répondre sans doute au besoin de lui conférer un nom. C'est donc elle qui va tenter de dialoguer avec nous au travers de ces différents plans, si diversifiants les uns par rapport aux autres par leur matérialisation vivante, vibrante, et qui iront jusqu'à animer les multiples couches sur lesquelles se prend à exister l'organique.

Ce dialogue ne peut cependant apparaître que si l'Etre devient le deuxième interlocuteur, superposant sa réponse verbalisée à ce discours permanent qu'entretient le Cosmos à son adresse. Mais, dans sa formule essentielle, la Conscience, aussi continue, aussi limpide, aussi dépouillée qu'elle est en fait, devrait pouvoir se refléter dans le miroir que l'Etre aurait la possibilité de lui offrir, s'il n'avait d'autres préoccupations que celles de l'Etre en soi. La Conscience ne serait alors que Conscience matérialisée par un passage sur des neurones sinon vierges d'impressions antérieures, du moins silencieux et disponibles. Sans doute est-ce là le langage de l'Initié, celui de l' « initio » c'est-à-dire celui du commencement.

Nous connaissons notre commencement, notre dialogue initial, celui naissant au plus profond de la vie utérine. Mais comment parviendrons-nous à entrevoir un champ de conscience, si ce n'est au travers de la mère et sur ce support qu'est l'amour ? Ce dernier devrait être uniquement le dialogue sans mensonge, la relation qui offre sans arrière-pensée, qui donne pour créer sans espérer de retour. Ce don pour faire l'autre, sans autre but que celui de donner, sans autre prétention que celle de faire une maternité en son essence de maternité, devrait consister pour la mère à mener jusqu'à la naissance un enfant du groupe humain, sans qu'à aucun moment n'apparaisse en elle le désir de s'approprier l'enfant qu'elle porte en son sein. Elle est l'utérus du genre représenté par la mère portant le fils de l'homme, ce grain d'humain à investir dans un corps grâce à un langage d'amour, sans autre objet que celui de créer un nouveau cristal de lumière.

N'est-ce pas en une telle perspective que la réalisation idéale de l'Etre trouve une image modèle au niveau de la représentation messianique ? Cette dernière, qui croît à partir du grain lâché et ne reconnaît aucune attache, grandit, ainsi animée par la conscience parvenue à sa perception sensible, en sa corporéité, en son incarnation à l'état pur en quelque sorte, sans que s'immisce un soupçon de projection psychanalytique, cependant charnellement incluse. Dès lors, tout langage sécrété par un tel être sera la traduction, quelle que soit la langue utilisée, d'une vérité absolue. Le « En vérité, en vérité, Je vous le dis » devient l'évidence même, et celui qui peut affirmer « Je suis celui qui peut dire Je suis » transparaît au travers de cette limpidité verbalisée. Nous sommes bien loin alors du « Cogito ergo sum » cartésien qui révèle de façon étonnante, en un clivage significatif, l'isolement dramatique du corps qui pense.

POUR UNE FIN

Est-il encore besoin, après cette incursion dans l'univers humain verbalisé, de rappeler que le langage ne peut être envisagé sous un aspect unique ? Bien qu'il soit unitaire en son sommet, il ne peut être approché, sur le plan de la fonction, que sous différents aspects.

Il n'existe pas, en effet, de définition simple qui puisse circonvenir le sujet et offrir une réelle explicitation. Toute tentative faite dans une telle voie risque d'ailleurs de ne dévoiler qu'une face, de ne découvrir qu'une surface.

Le langage est plus qu'on ne le croit, puisqu'il va de la lettre — et peut-être pour le physicien de la fréquence portant signification — jusqu'à la pensée elle-même englobant en sa totalité l'homme et ses attributs humains : son psychisme, son comportement psychologique, son expression, ses dires et ses faires. Aussi peut-on se trouver embarrassé devant un éventail aussi large d'éléments divers regroupés systématiquement sous un seul vocable et offrant, à tout un chacun qui veut s'y hasarder, la vérité qu'il y recherche.

Cependant, au cours de ces dernières années, les spécialistes en matière de langage ont tenté sérieusement de cerner le problème, de limiter les zones de leurs propres recherches et de réaliser une synthèse. Ainsi les phonéticiens, les phonologues, les sémanticiens, les grammairiens, les linguistes..., se sont penchés sur cette entité qu'est le langage. Il n'existe certes pas de parois étanches entre ces différentes recherches, bien au contraire, puisqu'il semble que tous ces maîtres en leur art officient, chacun dans son univers, au sein d'une même structure.

Certes, le psychanalyste qui, lui aussi, parle langage en évoquant l'introduction de celui-ci au travers de la voie psychique, semble parfois ébranler cet échafaudage. Il base cependant son propos linguistique sur une structure psychologique qu'il considère *a priori* comme établie et qui est, sans conteste, la même que celle intéressant le linguiste, mais vue sous un autre angle.

Ensuite, le médecin intervient à son tour pour évoquer, dans cette large fresque linguistique, la présence de l'homme qui parle, de cette machine à exprimer la pensée, de cet instrument du langage. Nul doute que c'est dans cette optique essentielle que j'ai développé mon propos et, qui mieux est, en obligeant le lecteur à passer par le trou de l'oreille !

Mais c'est sur une note d'allure éducative que j'aimerais terminer cet ouvrage, sur une note d'espoir de voir se modifier l'apport linguistique de notre temps pour préparer le langage de demain.

*
* *

On connaît depuis toujours le rôle primordial que doit jouer l'éducation dans la structure de l'Etre. On en connaît aussi le côté dangereux sur lequel j'aimerais insister quelques instants, en conclusion de ce travail. Il me plaît à rappeler ici combien il est nécessaire au pédagogue d'apporter à l'être qui lui est confié des moyens, des appuis, des tremplins, pour que celui-ci soit en mesure de prendre son envol, pour qu'il puisse se réaliser au travers d'une pensée qui est sa raison même d'exister. Ces moyens n'ont pas été choisis pour enfermer l'Etre dans des structures dogmatiques allant jusqu'à juguler le mode de réflexions et anéantir de ce fait la pensée elle-même. Cette dernière ne peut être ni régie, ni emprisonnée. Elle doit, grâce à l'éducation, connaître les voies qui doivent lui permettre d'atteindre les plans de l'expression. Elle est certes capable de se soumettre à la mise en forme, car elle doit être exprimée pour que l'Etre se prenne à vivre au travers d'elle, mais en aucun cas elle ne peut naître de l'expression, si structurée soit-elle. Sa mise en forme permet d'évoquer pour l'autre, usant d'une même formulation linguistique, le même champ de conscience lorsque celui-ci n'a pas encore été senti par l'interlocuteur. Mais à aucun moment, la pensée est tenue d'exister essentiellement sur le support de la verbalisation. Sinon, elle n'est plus qu'un conditionnement non intégré, puisque non créativement sentie et vécue.

La langue, grâce à son architecture bien élaborée, permet à la pensée créatrice de se matérialiser, mais tout ce matériau linguistique ne sert à rien pour élaborer une création si l'ordonnancement doit enlever toute initiative. Et de même qu'un amoncellement de briques, de pierres et autres matériaux de construction n'ont jamais donné l'édifice, de même les règles de rhétorique ne sauraient susciter l'idée. C'est de la fonction créatrice de l'architecte que surgit le temple, et si celui-ci ne peut être réalisé matériellement, il n'en est pas moins réalisé virtuellement et potentiellement dans la pensée de son auteur, et non pas dans le matériau en soi. Il en est de même du langage. Le deuxième écueil dépasse alors celui du matériau et celui de la forme des infrastructures. Il apparaît lorsque le temple est imposé dans sa totalité comme structure essentielle et définitive, et non comme modèle sur lequel la créativité peut se prendre à jouer.

Et pourtant, cette pensée créatrice est si énergisante, si verbo-énergisante, qu'elle peut susciter l'image de l'humain dans l'homme ; elle érige celui-ci en sa verticalité, fait éclore en lui la notion d'harmonisation ou de latéralité, lui libère la face grâce à la maîtrise de sa main préhensive ; elle assure l'énergie corticale par la somme des informations qu'elle permet de collecter sous l'angle de la recharge. Tout s'apprête donc à recevoir cette force qui se veut incarner, et tout semble aussi s'organiser à partir de la force elle-même. De même, l'instrument de musique ne se fabrique à l'aide des mains du facteur que parce que la musique est là et qu'elle veut se matérialiser soniquement, acoustiquement, qualitativement et quantitativement au travers de l'air ambiant. Il n'y aurait pas d'instrument, s'il n'y avait pas de musique. Il n'y aurait pas d'homme s'il n'y avait pas d'humain à habiller, à investir. L'humain n'est-il pas la mise en forme de la pensée à l'échelle de l'homme ? Le danger à encourir est de voir l'homme se déguiser et devenir l'homme dans l'humain plutôt que d'assister au phénomène inverse.

C'est grâce au langage que l'homme parvient à faire pénétrer en lui l'humain, à tel point que son corps paraît être, comme je le disais par ailleurs, un scaphandre de revêtement au facteur verbalisant et pensant. Cet investissement s'effectue au cours de l'évolution psychanalytique de l'Etre. C'est au cours de cette progression qu'on le voit franchir les étapes sur le chemin qui le conduit à sa réalisation, lui permettant de passer du stade de l'homme à celui de l'humain. L'étrangeté qui marque toute observation concernant ces passages tient aux difficultés que tout être rencontre pour dépasser chacun des stades qui marque un palier. Il semble que l'homme procède à tout moment à un accouchement tant il est en proie aux douleurs d'un enfantement. Sans doute là aussi est-il en butte aux différents modes d'éducation. Mais que l'on se rassure, le fait n'est pas nouveau, il est propre à l'homme de tous temps et aussi à celui de tous lieux.

Il serait simplement souhaitable qu'il y ait un jour quelques changements pour que les choses se passent mieux. Mais la peur est là, et l'homme hélas ne paraît être guère souvent qu'un animal de la peur. La peur de perdre ce qu'il croit avoir acquis au niveau de chaque étape le bloque à tel point qu'il n'ose plus quitter ce lieu dans lequel il se voit existant, agissant ; et même s'il s'y trouve bientôt à l'étroit, il risque de décider de ne plus avancer, tout empreint de la terreur de ne pas atteindre le palier suivant. Si toutefois, poussé par quelques circonstances mal définies, il vient à franchir l'une de ces étapes évolutives, il prétend rapidement que c'est au prix d'un sacrifice. Et s'il n'arrive pas à formuler une telle impression l'environnement ne manque pas de la formuler à sa place. C'est en cela que l'observation clinique vaut la peine d'être vécue, car elle remet journellement en lumière ce côté tragico-comique de la condition de l'homme en quête de sa condition humaine. Autrement dit, chaque stade franchi qui devrait emplir de joie le jeune promu, le plonge au contraire dans le désarroi, les regrets, l'insécurité ; au lieu de le voir exulter devant son acquisition nouvelle, on le trouve pleurant nostalgiquement sur son temps passé, ce temps passé qui lui fera perdre le temps présent et ne jamais rencontrer le temps futur.

Pourtant, s'il en fut toujours ainsi, tout dit qu'il faut maintenant changer. La jeune vague, celle qui pousse et bouscule, celle aussi qui s'évanouit et qui meurt, comme l'écume, sur les franges bordant le lieu de rencontre des vieilles structures, érode chaque jour le roc fragile sur lequel se tiennent les institutions périmées. L'homme qui connaît scientifiquement comment se propulse un satellite dans l'espace, reste étonnamment ignorant quant à la promotion de son propre enfant. Il lui fait désespérément parcourir le même cheminement absurde qu'il a connu, sous prétexte qu'il est passé par cette même filière, dans laquelle du reste tous ses ancêtres se sont trouvés étirés et laminés. Cependant si le souci de chacun des grands résidait dans le désir de promouvoir non hypocritement le fils de l'homme, nul doute que ce dernier aurait tôt fait de larguer tous les étages inférieurs du satellite humain qu'il est par essence et pour lequel vie et pensée lui ont été généreusement distribuées, au lieu de rester oublieux de tout, jusqu'à l'essence même de son existence. Que chacun soit le pédagogue du jeune sans prétendre jamais en être le maître ; que chaque ancien soit une marche pour que le suivant puisse y prendre appui afin de gravir les échelons plus haut qu'il ne le fit lui-même ; que tout être digne de ce nom sache qu'il est là pour être dépassé, sans qu'il lui soit donné de jouer au méritant, au génial dirigeant. Que les intérêts disparaissent hormis celui d'aider l'autre dans son devenir. S'il est aisé à l'anthropoïde qu'est l'homme d'injecter à sa progéniture la vie animale, qu'il sache aussi et surtout lui faire passer le souffle de la création humaine.

Le chemin est tout tracé, heureusement, par une force vive qui parvient, malgré les erreurs, les égarements, les guerres, les maladies, les drogues, à remettre toujours l'homme sur son orbite. Mais ce dernier s'acharne, au sein d'une liberté qu'il ne cesse de prôner vainement, à se comporter de telle manière et à s'agiter de si belle façon, qu'il finit toujours par s'énucléer rapidement de sa ligne orbitale.

Cette force vive n'est, en fait, que le *Logos* lui-même ; elle n'est que la vie autrement signifiée, ne demandant qu'à être vécue, incarnée, comprise, intégrée en sa totalité, en la conscience elle-même, et non pas seulement ébauchée sur les soubresauts réitérés d'un inconscient maintenu dominant. Je ne doute pas que l'on m'accorde un optimisme débordant. Il apparaît toutefois que son efficience vaut largement le pessimisme qui l'environne. Et rien ne me persuade plus du devenir de l'Etre que ce fait cent fois vécu, cliniquement éprouvé, de voir guérir ou se prendre en charge, ceux qui ont pu enfin, au travers de leur langage auto-contrôlé, se laisser happer par leur champ de conscience. Ceux qui acceptent la totale plénitude de leur Etre livré en quelque sorte à l'emprise de l'énergie verbalisante donnent subitement au thérapeute le sentiment que cette conscience s'empare enfin de leurs corps, libérant ce dernier des tracasseries que sait entretenir en lui l'inconscient qui l'habite. C'est cela le diable de la légende qui entretient sans cesse dans un enfer celui qui, seul, sait s'y confiner grâce à l'éducation qu'il reçoit. Cette éducation qui devrait le conduire vers sa réalisation, fait place à une instruction de ce qui est apparence et qui le laisse là où il était, enrichi douloureusement d'une ébauche d'envolée. Il demeure alors dans un état dont il ne peut se libérer, muni d'un langage qui devrait lui permettre le largage, mais qu'il ne peut ni ne veut comprendre. D'ailleurs, s'il le voulait ardemment comme dans l'Œdipe de Sophocle, on s'en souvient, l'environnement s'empresserait d'empêcher cette progression. De ce langage anachroniquement utilisé en somme, surgit une angoisse d'autant plus grandissante que le vieillissement se fait sans que les amarres aient été lâchées et sans que la mort n'ait jamais été comprise, examinée de près, et éliminée dans ce qu'elle représente d'incompréhensible détresse.

Ainsi l'être passe son temps à épiloguer sur la vie, croyant la traverser, la voir se dérouler alors qu'il reste si étrangement limité dans sa course, enchaîné solidement par les conditionnements que son éducation lui confère. Il fera du sur-place, de l'auto-allumage, de l'auto-induction, et lorsque viendra l'heure du bilan, il redoutera d'aligner les différents éléments devant lui permettre d'élaborer en phase terminale une analyse objective de l'utilité de son existence.

*
* *

Le support de toute transmission est le langage. Ce dernier contient une charge psychanalytique que j'ai appelée par ailleurs sa charge évoquée. C'est elle qu'il faut apprendre à connaître, à décoder, à analyser, à modifier, en fonction du message que l'on veut faire passer. Mais cette éducation doit être largement étendue pour que, d'une part le pédagogue puisse et sache s'en servir, et que d'autre part l'enseigné soit capable, dans une certaine mesure, d'en connaître les effets psychologiques et les retentissements à partir des réactions sous-jacentes évoquées, mises ainsi en résonance.

L'éducateur est par définition, ce que l'on semble oublier, l'éduqué capable à son tour de passer à l'autre le message. La connaissance sera transmise avec d'autant plus d'aisance que l'enseignant saura user, dans ses propos, d'éléments informatifs non provocateurs, non porteurs de décharges traumatisantes ou évocatrices, de structures projectives imparfaitement liquidées ou bien encore déclenchantes de phantasmes faciles à susciter.

Certes, pour l'éducateur, le succès est assuré s'il veut employer le langage capable d'éveiller l'inconscient de chacun de ses élèves. Pour peu qu'il se prenne lui-même au jeu de son discours, il aura rapidement totalisé l'adhésion apparente de son auditoire. Mais rien n'est aussi vain, aussi disparate, aussi multiforme qu'un inconscient comparé à un autre inconscient. Si bien que cette apparente unité, rapidement coaptée au cours d'une éducation mal comprise, aura tôt fait de semer la discorde au sein même du groupe que l'on voudrait harmoniser.

Il ne s'agit pas de proposer une éducation directive, unidirectionnelle. Il convient mieux d'envisager, me semble-t-il, un enseignement capable de susciter l'éveil de la conscience de chacun. L'homogénéisation souhaitée se fera alors d'elle-même par l'unicité que représente la conscience en son sommet..., comme si la conscience était une et l'inconscient multiple.

Est-ce à dire qu'il faille supprimer l'inconscient ? Nullement, mais il est bon que chacun en connaisse le contenu, les limites, les agissements et les automatismes, afin que ces éléments dynamisés par l'activité humaine ne puissent, à aucun moment, interférer dans la communication avec autrui. Si l'on veut établir un vrai dialogue démuni d'incompréhension mutuelle, si l'on veut susciter une vraie rencontre au niveau de la conscience verbalisée, il est nécessaire de pouvoir maîtriser, contrôler le langage de l'inconscient. Si au contraire chacun reste enferré dans sa vérité illusoire, le risque consiste à voir s'estomper le réel derrière la relativité que celui-ci peut représenter pour l'individu aux prises avec lui-même.

*
* *

La contribution — s'il en est une — que peut apporter un tel ouvrage à l'entendement humain, est de rappeler avec force que le langage évolue en même temps que l'Etre dont il est le représentant verbalisé, l'Etre étant lui-même le verbalisant. Il me semble aussi nécessaire de préciser une fois de plus qu'il existe un langage des différents stades de la vie, qui symbolise les étapes évolutives que l'homme gravit lors de sa progression.

Il me paraît particulièrement fascinant de songer que chaque individu, soumis à son libre arbitre, livré à lui-même dans la jungle que ses congénères agrémentent de mille et un incidents, doit aller à la recherche de son Etre, au risque de ne jamais le rencontrer et de traverser une existence sans connaître la vie. Chacun doit parcourir douloureusement son propre chemin à ses risques et périls si les jalons éducatifs ne sont pas là pour consolider les barrières qui bordent la voie dans laquelle il se trouve engagé.

Ainsi, dès sa sortie de la nuit utérine, dès l'orée de son existence, l'enfant paraît étrangement plongé dans une clarté intense, source insidieuse de l'illusion qui l'enveloppe jusqu'à l'enserrer progressivement dans l'opacité grandissante d'un monde conventionnel, reflet d'une projection socio-culturelle environnante.

Si, au prix de longs efforts, à l'aide de ses discernements, au bénéfice de maintes circonstances apparemment fortuites, il parvient à franchir la porte de cet enclos dans lequel tout est figé ou inutilement mouvant par manque d'évolution, il débouchera alors dans le champ conscient. Là, tout s'éclairera sur une activité dynamique, décryptée même dans le langage et qui n'est autre que la vie s'érigeant comme l'ultime réalité existentielle perceptible à l'échelle humaine.

L'homme semble ainsi être cet exceptionnel animal doté du désir de communiquer, à la recherche de sa conscience verbalisée au travers de son inconscient parlant. Au-delà de ce langage « consciencisé », il atteindra le stade ultime de sa présente évolution et plongera dans la plénitude de l'absolu silence où tout lui sera révélé parce que tout y sera signifié.

LAPASSADE Georges, SCHÉRER René : *Le corps interdit*. Essais sur l'éducation négative, 2e éd.

LAURENT Eveline : *L'intelligence est-elle héréditaire ?* 2e éd.

LAZAR Judith : *La télévision : mode d'emploi pour l'école.*

LENTIN Laurence :
— Tome 1 : *Apprendre à parler à l'enfant de moins de 6 ans. Où ? Quand ? Comment ?* 10e éd.
— Tome 2 : *Comment apprendre à parler à l'enfant.* Aperçu d'une expérience en cours, 9e éd.
— Tome 3 : *Du parler au lire.* Interaction entre l'adulte et l'enfant, 5e éd.
— *Apprendre à parler en racontant : Pauline et Victor* (Hors collection, Istra-E S F).

LOBROT Michel :
— *Troubles de la langue écrite et remèdes*, 4e éd.
— *Lire.* Avec épreuves pour évaluer la capacité de lecture, 5e éd.
— *Les difficultés sexuelles de l'adulte.*
— *Les effets de l'éducation*, 2e éd.

LUC Jean-Noël : *L'histoire par l'étude du milieu*, 2e éd.

LURÇAT Liliane :
— *L'enfant et les autres à l'école maternelle*, ou comment on devient écolier.
— *L'activité graphique à l'école maternelle*, 3e éd.
— *Espace vécu et espace connu à l'école maternelle.*
— *Le jeune enfant devant les apparences télévisuelles.*
— *L'écriture et le langage écrit de l'enfant en écoles maternelle et élémentaire.*

MANNONI Pierre :
— *Adolescents, parents et troubles scolaires.*
— *Des bons et des mauvais élèves.*

MARIET François : *L'enfant, la famille et l'école.*

MARIET François, MOREAU Claude, PORCHER Louis : *Les classes de nature :* classes de mer, classes de neige, classes vertes.

MARIET François, PORCHER Louis : *Apprendre à devenir citoyen à l'école.* L'introduction de l'actualité économique et sociale à l'école élémentaire et dans les C.E.S.

MÉRY Janine : *Pédagogie curative scolaire et psychanalyse.*

MOREAU Jacqueline et coll. : *L'enseignement de la sécurité à l'école.*

MOREAU Jacqueline, BARDONNET-DITTE Jeannine, MARIET François, MÉRAL Claire : *Les activités manuelles dans l'enseignement obligatoire.*

PAILLET Paule : *Le psychologue à l'école.*

PIAT Edith : *Les G.A.P.P.* (Groupe d'Aide Psycho-Pédagogique).

POCZTAR Jerry : *La définition des objectifs pédagogiques.* Bases, composantes et références de ces techniques, 3e éd.

PORCHER Louis :
— *Chemins dans le labyrinthe éducatif.*
— *Education esthétique et formation des instituteurs.*

PRÉVOT Georges : *La coopération scolaire et sa pédagogie.*

PUJADE-RENAUD Claude :
— *Expression corporelle, langage du silence*, 6e éd.
— *Le corps de l'enseignant dans la classe*, 2e éd.
— *Le corps de l'élève dans la classe.*
— *L'école dans littérature.*

PUJADE-RENAUD Claude, ZIMMERMANN Daniel : *Voies non verbales de la relation pédagogique*, 2e éd.
SEGRÉ Monique : *Les enfants et les adolescents face au « temps libre ».*
TERS François : *Orthographe et vérités.*
TOMATIS A.A. :
— *Education et dyslexie*, 5e éd.
— *Vers l'écoute humaine :*
  • *Qu'est-ce que l'écoute humaine ?* Tome 1, 3e éd.
  • *Qu'est-ce que l'oreille humaine ?* Tome 2, 2e éd.
TORAILLE Raymond :
— *L'animation pédagogique aujourd'hui.*
— *L'équipe éducative.*
VAYER Pierre, RONCIN Charles : *L'intégration des enfants handicapés dans la classe.*
VEIL Claude, BEAUCHESNE Geneviève, VEIL-BARAT Catherine : *l'école folle, ou le cercle vicieux de l'inadaptation scolaire.*
VERMEIL Guy : *La fatigue à l'école.* 5e éd.
VIAL Jean :
— *L'école, cap 2001...*
— *Histoire et actualité des méthodes pédagogiques.*
— *Les vocations et l'école.*
WALLON Henri, LURÇAT Liliane : *Dessin, espace et schéma corporel chez l'enfant.*
ZIMMERMANN Daniel :
— *Recherche pédagogique dans une classe de perfectionnement*, 2e éd.
— *La rééducation, pour quoi faire ?*
— *Observation et communication non verbale en école maternelle.*
— *La sélection non verbale à l'école.*
ZIV Avner : *L'humour en éducation. Approche psychologique.*
ZIV Avner, DIEM Jean-Marie : *Psychopédagogie expérimentale.*

● *SERIE QUESTIONS-REPONSES SUR :*
— *l'école maternelle*, 4e éd. ;
— *le cours préparatoire*, 3e éd. ;
— *les cours élémentaires ;*
— *les cours moyens ;*
— *l'entrée en sixième ;*
— *les collèges ;*
— *les lycées ;*
— *l'enseignement technique court ;*
— *l'enseignement technique long ;*
— *la scolarisation des enfants de travailleurs migrants ;*
— *l'éducation physique et sportive*, nouvelle édition ;
— *l'audiovisuel à l'école.*

● *SERIE « L'ECOLE COMME ELLE VA » :*
FEDER Maurice : *Un collège sans classe, ça existe.*
HANNOUN Hubert : *L'école toujours improvisée.*
MARQUET Pierre-Bernard : *L'enseignement ne sert à rien.*
VIAL Jean : *Journal de classe (1927-1977).*

● *HORS COLLECTION :*
LANGOUET Gabriel, PORLIER Jean-Claude : *Mesure et statistique en milieu éducatif*, 2e éd.
MAROZI C. : *Pédagogie et organisation de l'enseignement spécialisé.*

ACHEVÉ D'IMPRIMER   EN AVRIL 1988
SUR LES PRESSES   DE L'IMPRIMERIE
LIENHART & Cie AUBENAS D'ARDÈCHE

N° D'EDITION : 1638 ED 1438

N° 3557 - *Imprimé en France*

DÉPÔT LÉGAL : AVRIL 1988